Spielen mit dem Ball

Peter Frey • Thomas Klotz

Ein Übungsbuch
für Kindergarten und Grundschule

*Die Schreibweise des Textes
folgt der reformierten Rechtschreibung.*

 Verlag an der Ruhr

Impressum

Titel: Spielen mit dem Ball
Ein Übungsbuch für Kindergarten und Grundschule

Autoren: Peter Frey, Thomas Klotz

Illustrationen: Dorothee Wolters

Druck: Druckerei Uwe Nolte, Iserlohn

Verlag: Verlag an der Ruhr
Postfach 102251
45422 Mülheim an der Ruhr
Tel.: 0208/439 54 54
Fax: 0208/439 54 39
e-mail: info@verlagruhr.de
http://www.verlagruhr.de

© Verlag an der Ruhr 1997

ISBN 3-86072-310-3

Gedruckt auf chlorfrei gebleichtem Papier.

Alle Vervielfältigungsrechte außerhalb der durch die Gesetzgebung eng gesteckten Grenzen (z.B. für das Fotokopieren) liegen beim Verlag.

Inhalt

Ein Wort-Spiel	4

1. Einführung   5–6

2. Spielen mit Hand und Ball:
Inhalte, Methoden, Ziele   7–12
- Spielend lernen – die Inhalte   7
- Spielend üben – das Spielhaus   9
- Spielend lehren – die Spielerziehung   10
- Fairplay – Spiele regeln und leiten   11

3. Mannschaften spielerisch organisieren   13–26
- Karteikarten: Gruppen bilden   14

4. Spielerisch üben mit Hand und Ball   27–82
- Koordination – sich vielfältig bewegen können   29
- Karteikarten: Koordination   31
- Zielspiele – Spielfähigkeit erwerben   40
- Zielspiel 1: Mattenball   41
- Zielspiel 2: Würfelball   46
- Zielspiel 3: Reifenball   51
- Zielspiel 4: Stangentorball   56
- Zielspiel 5: Kreisball   61
- Zielspiel 6: Drei-Felder-Ball   66
- Zielspiel 7: Reboundball   71
- Zielspiel 8: Kastenball   76

5. Ein Stundenplan   83–86

6. Spiel- und Sportfest in Grundschule und Kindergarten   87–120
- Tipps und Fragen aus der Praxis   88
- Vorbereitungen zum Spielfest   90
- Aufbau und Phasen (ein Beispiel)   91
- Spielfest für drei Mannschaften   93
- Spielfest für sechs Mannschaften   94
- Spielfest für neun Mannschaften   95
- Spielfest für Kindergärten   96
- Laufkarten   97
- Spielstationen   99
- Urkunde   120

7. „4+1" spielen Handball – eine kindgemäße Idee   121–124

8. Materialien und Fachbegriffe   125–126

9. Literatur   127

Ein Wort-Spiel

Wir spielen in der Schule

 Wir spielen Schule

Wir schulen Spiel

 Verschulen wir das Spiel?

Verspielen wir die Schulzeit?

 Hat Schule verspielt?

Haben wir in der Schule verspielt?

 Wir lernen durch Spiel

Wir lernen spielend

 Wir spielen lernend

Schulen ... Lernen ... Spielen

 Schüler lernen spielen mit Hand und Ball

 Aber wie?

1. Einführung

Mit dem vorliegenden praxisorientierten und -erprobten Übungsbuch möchten die Autoren Ihnen vielfältige Möglichkeiten aufzeigen, Kindern spielerisch und lustbetont den Umgang „mit Hand und Ball" nahe zu bringen.

Im Vordergrund stehen eine breit gefächerte sportmotorische Grundausbildung sowie die Ausbildung koordinativer Fähigkeiten bei Kindergarten- und Grundschulkindern. Gerade im Zuge einer „veränderten Kindheit" und einer „bewegungsfeindlichen Umwelt" erscheint es heute immer wichtiger, Kinder schon frühzeitig über individuelle Erfahrungen an freudvolle Spielformen in der Gruppe mit Hand und Ball heranzuführen. *Das oberste Ziel* ist die Entwicklung einer altersgemäßen Spielfähigkeit, die nur auf der Grundlage einer vielseitigen und allgemeinen Schulung erreicht werden kann.

Nicht alle abgedruckten Spielformen können in jeder Altersgruppe zur Zufriedenheit aller gelöst werden. Gerade im Kindergartenalter muss der Schwerpunkt im freien Spiel mit dem Ball (allein, mit Partner und in der Kleingruppe) gesetzt werden. Eigene Erfahrungen und das Erlernen von Fertigkeiten wie Werfen und Fangen sind die Voraussetzungen für ein erfolgreiches Zusammenspiel. Darauf sollten Sie bei Auswahl und Zusammenstellung der Spielideen für die tägliche beziehungsweise wöchentliche Spielstunde unbedingt Wert legen. Aber auch in der Grundschule sollten die Stundeninhalte nach den Prinzipien des spielgemäßen Konzepts (s.u.) ausgewählt und zusammengestellt werden. Das Karteikartenprinzip in diesem Übungsbuch erleichtert die individuelle Zusammenstellung einzelner Spiel- und Sportsequenzen.

In Kapitel 2 „Spielen mit Hand und Ball" und Kapitel 3 „Mannschaften spielerisch organisieren" geht es um allgemeine Grundsätze und die Inhalte einer Spielerziehung sowie die Vorstellung des „spielgemäßen Konzeptes". Aber auch der „Fairplaygedanke" und dessen praktische Umsetzung ist in diesen Kapiteln Thema. Vielfältige Ideen zum spielerischen Einteilen von Gruppen und Mannschaften bilden den Abschluss.

Im Kapitel 4 „Spielerisch üben mit Hand und Ball" stehen der Begriff „Koordination" und dessen Teilbereiche auf dem Programm. Diese werden Sie durch eine umfangreiche Sammlung von Spielformen leicht in die Praxis umsetzen können. Im Anschluss daran werden acht „Zielspiele" mit einer Auswahl von Spielformen und Spielübungen (sogenannte Bausteine) vorgestellt. Die Angebote auf den Karteikarten sind so zusammengestellt, dass Ihre Kinder in kurzer Zeit und wenigen Stunden das jeweilige Zielspiel erfolgreich spielen können. Natürlich lassen sich die einzelnen Spiel- und Übungsangebote auch nach eigener Zielsetzung und Neigung frei kombinieren.

Eine Stundenskizze (Kapitel 5) gibt ebenfalls Orientierungshilfe bei der Planung des eigenen Unterrichts/der eigenen Spiel- und Bewegungsstunde.

Kapitel 6 „Spiel- und Sportfest" bietet ausführliche Hilfestellung bei der Planung und Durchführung von Turnieren und Festen. Besonderer Wert wird dabei auf eine kind- und altersgemäße Gestaltung gelegt. Mit Hilfe vorgefertigter Organisationsbögen, Laufkarten, Urkunden und Spielangebote wird dadurch die erfolgreiche Durchführung zu einem KINDERSPIEL.

Den Abschluss bildet Kapitel 7 „4+1 spielen Handball". Hier wird die kindgemäße und altersgerechte Umsetzung des Sportspiels „Handball" als Idee des Deutschen Handballbundes vorgestellt.

Zusätzlich finden Sie in den Kapiteln 8 und 9 Literaturhinweise, Erläuterungen zu Fachbegriffen und Bestelladressen für Sportgeräte.

Die Spiel- und Übungsideen wurden bewusst im Karteikartenformat gestaltet. So können Sie individuell auswählen, je nach Gruppe oder Ziel Einheiten neu zusammenstellen und die Sammlung mit eigenen Ideen ergänzen. Die Handlichkeit der Karteikarten ermöglicht es Ihnen auch, sie als „Spickzettel" in die Spielstunde mitzunehmen.

Zur Vereinfachung werden Wörter wie Partner, Spielleiter etc. in der männlichen Form benutzt. Alle Spielerinnen, Leiterinnen etc. sind natürlich mit eingeschlossen!

Die Autoren hoffen, dass dieses Spiel- und Übungsbuch dazu beiträgt, die Faszination und Attraktivität des Spielens mit Hand und Ball zu erhöhen.
Viel Spaß beim

LEHREN und LERNEN!

2. Spielen mit Hand und Ball: Inhalte, Methoden, Ziele

Bewegung, Spiel und Sport sind unverzichtbare Bestandteile einer ganzheitlichen Bildung und Erziehung der Heranwachsenden. Besonders in Kindergarten und Grundschule können durch eine vielseitige und breitgefächerte Bewegungserziehung gerade kooperative und integrative Verhaltensweisen unmittelbar erfahren und eingeübt werden.

Aufgabe beim Spielen und Üben mit dem Ball in Kindergarten und Grundschule ist es, den Kindern verschiedenartige sensorische, motorische und soziale Erfahrungen zu ermöglichen sowie Freude an Bewegung, Spiel und Sport zu vermitteln, zu erhalten und lebenslang zu fördern.

Spielend lernen – die Inhalte

Abhängig von der jeweiligen Altersgruppe kann das kindliche Spielvermögen in den Bereichen „individuelle Fähigkeiten und Fertigkeiten" und „Erfahrungen mit Partner und Gruppe" durch freies und gelenktes Spielen angebahnt und weiter entwickelt werden.

Inhalte des Spielens und Übens sind unter anderem:

- Kennenlernen des eigenen Körpers
- Kennenlernen von Raum und Zeit, Tasten, Sehen, Hören, Spüren
- Spielen mit kleinen und großen Geräten, mit Materialien und Gegenständen
- Lösen von Spielaufgaben allein, mit Partner, in der Gruppe
- Finden, Erproben und Gestalten von Spielmöglichkeiten
- Gemeinsames Spielen in der Halle und im Freien

- Sammeln von Sinnes- und Bewegungserfahrungen
- Gewinnen von Bewegungssicherheit
- Kennenlernen von Ordnungsformen und Spielregeln
- Erlernen von Grundfertigkeiten (Werfen, Fangen, Prellen, Passen)
- Spielerisches Üben einfacher Grundfertigkeiten
- Selbstständiges Organisieren kleiner Spiele
- Kennenlernen vereinfachter Formen der großen Spiele

- Vermitteln der großen Spiele (z. B. Handball) durch Spielreihen
- Verbessern sportartspezifischer Fähigkeiten und Fertigkeiten
- Übernahme der Spielbeobachtung
- Leiten von Spielen als Schiedsrichter
- Erweitern der Spielkompetenz
- Ausbilden von Haltungen – Fairplay.

Das Spielhaus auf Seite 9 vermittelt in grafischer Form noch einmal die wichtigsten Inhalte einer vielseitigen Bewegungserziehung mit Hand und Ball.

Spielend üben – das Spielhaus

Die Inhalte einer vielseitigen Bewegungserziehung mit Hand und Ball:

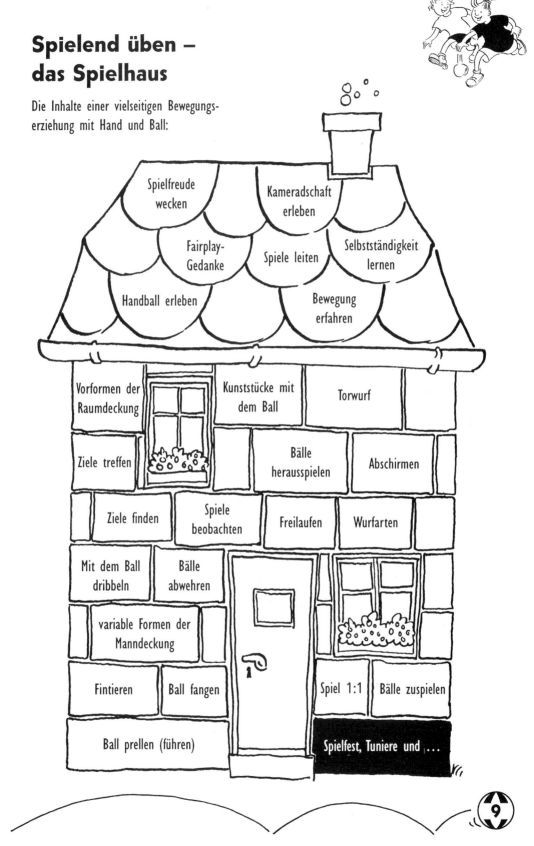

Spielend lehren – die Spielerziehung

Der Grundgedanke bei der Spielerziehung geht davon aus, dass mit Hilfe von sogenannten Spielreihen über Grundspiele und Wettspiele zum eigentlichen Sportspiel (Handball, Fußball, Volleyball, Basketball) hingeführt wird.

Dabei sollen Kinder und Jugendliche spielend lernen, das heißt, sie müssen Spielsituationen erfahren, die sie bewältigen können und die entsprechend des Lern- und Leistungsstandes veränderbar sind.

Das Spiel bildet den zentralen Ausgangspunkt für die Motivation der jungen Sportler, persönliche und mannschaftliche Fähigkeiten und Fertigkeiten zu erlernen und zu verbessern.

Technische Elemente sollten losgelöst vom eigentlichen Spiel nur im Bedarfsfall geübt werden.

Wichtig: das Leistungsvermögen des jeweiligen Kindes dabei unbedingt berücksichtigen!

Prinzipien eines spielgemäßen Konzeptes sind:

- Vom Leichten zum Schwierigen
- Vom Einfachen zum Komplexen
- Vom langsamen zum schnellen Spiel
- Vom passiven zum aktiven Gegenspieler.

Die Vermittlung vielfältiger Bewegungserfahrungen auf spielerische Weise gilt als übergeordnete Zielsetzung.

Grundprinzipien beim Handballspiel sind die Vermittlung und Verbesserung

- technischer Fertigkeiten wie Passen, Fangen, Prellen, Dribbeln und Werfen
- taktischer Fähigkeiten wie Freilaufen, Fintieren, Abschirmen, Herausspielen des Balles und Abwehren von Würfen
- konditioneller Fähigkeiten wie Beweglichkeit, Schnelligkeit, Kraft und Ausdauer
- koordinativer Fähigkeiten wie Orientierung, Reaktion, Geschicklichkeit und Gewandtheit
- der Selbstständigkeit, Fairness und einer positiven Einstellung zum Sport.

Die spielgemäße Methode

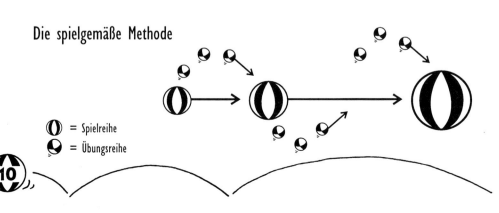

◐ = Spielreihe
◓ = Übungsreihe

Fairplay –
Spiele regeln und leiten

Zu den vielfältigen Aufgaben der Spielerziehung zählt unter anderem die Ausbildung von Haltungen, die dem Prinzip des Fairplay (faires Verhalten, verantwortlicher Umgang mit Leistung und Erfolg) entsprechen.
Im Rahmen einer Fairnesserziehung muss versucht werden, Kindern den Sinn und Charakter von Regeln bewusst zu machen. Dies ist die Voraussetzung zur Regeleinhaltung und die Regeleinhaltung wiederum ist die Grundlage zum Fairplay.

Kernpunkte fairen Verhaltens sind nicht nur das Befolgen von Spielregeln, sondern auch

- partnerschaftlicher Umgang mit dem Gegner und dem eigenen Partner
- Rücksichtnahme auf schwächere Kinder
- sich selbst zurücknehmen können
- auf gleiche Chancen und Bedingungen achten
- das Gewinnmotiv allein nicht in den Vordergrund stellen
- eine angemessene Haltung bei Sieg und Niederlage.

Sehr empfehlenswert ist es, praktische Erfahrungen zuzulassen, bei denen Kinder selbstbestimmt mit Regeln und Sport umgehen dürfen und ihre konkreten Spielsituationen selbst regeln können. So erfahren sie, wie befriedigend und wertvoll fairer Sport sein kann und wie er den Zugang zu einer Fülle von Erlebnissen und Erfahrungen öffnet.

Soziale Komponenten dürfen keinesfalls hinter der Vermittlung von Fähigkeiten und Fertigkeiten zurückstehen. Immer wieder muss durch Bewusstmachung, Lenkung und andere Maßnahmen der Fairplaygedanke in den Vordergrund gestellt werden. Wenn Stars bei großen Sportereignissen und in den Medien leider oftmals schlechte Vorbilder sind, Schiedsrichter beleidigen, Gegner verbal und physisch verletzen oder Zuschauer provozieren, sollte dies auch innerhalb der Spielerziehung reflektiert werden.

Fairplay zu vermitteln, ist demzufolge wichtiger Bestandteil eines spielgemäßen Konzepts. Faire Spielweise ist nicht nur ein Erziehungsziel, sondern auch methodisch wichtig, um die Spielfreude und das Miteinander zu fördern.

Die einzelnen Aspekte einer Fairnesserziehung verdeutlicht nochmals die folgende Grafik:

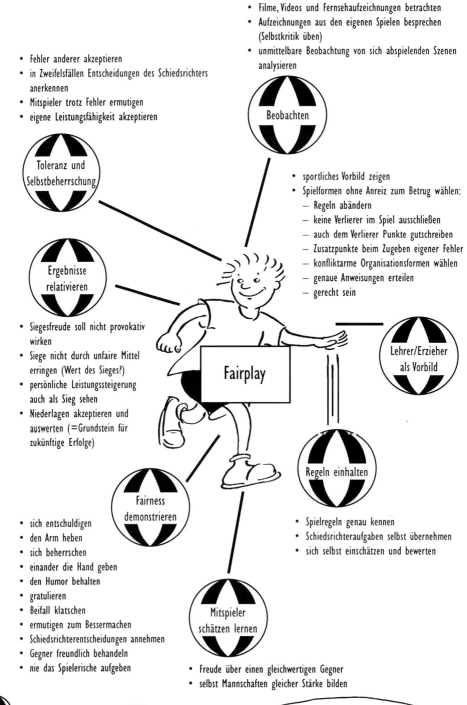

- Filme, Videos und Fernsehaufzeichnungen betrachten
- Aufzeichnungen aus den eigenen Spielen besprechen (Selbstkritik üben)
- unmittelbare Beobachtung von sich abspielenden Szenen analysieren

Beobachten

- Fehler anderer akzeptieren
- in Zweifelsfällen Entscheidungen des Schiedsrichters anerkennen
- Mitspieler trotz Fehler ermutigen
- eigene Leistungsfähigkeit akzeptieren

Toleranz und Selbstbeherrschung

- sportliches Vorbild zeigen
- Spielformen ohne Anreiz zum Betrug wählen:
  – Regeln abändern
  – keine Verlierer im Spiel ausschließen
  – auch dem Verlierer Punkte gutschreiben
  – Zusatzpunkte beim Zugeben eigener Fehler
  – konfliktarme Organisationsformen wählen
  – genaue Anweisungen erteilen
  – gerecht sein

Ergebnisse relativieren

Lehrer/Erzieher als Vorbild

- Siegesfreude soll nicht provokativ wirken
- Siege nicht durch unfaire Mittel erringen (Wert des Sieges?)
- persönliche Leistungssteigerung auch als Sieg sehen
- Niederlagen akzeptieren und auswerten (=Grundstein für zukünftige Erfolge)

Fairplay

Regeln einhalten

- Spielregeln genau kennen
- Schiedsrichteraufgaben selbst übernehmen
- sich selbst einschätzen und bewerten

- sich entschuldigen
- den Arm heben
- sich beherrschen
- einander die Hand geben
- den Humor behalten
- gratulieren
- Beifall klatschen
- ermutigen zum Bessermachen
- Schiedsrichterentscheidungen annehmen
- Gegner freundlich behandeln
- nie das Spielerische aufgeben

Fairness demonstrieren

Mitspieler schätzen lernen

- Freude über einen gleichwertigen Gegner
- selbst Mannschaften gleicher Stärke bilden

3. Mannschaften spielerisch organisieren

Zur Durchführung von Sportspielen ist es notwendig, Mannschaften zu bilden. Zumeist geschieht dies mit folgenden Methoden:

- Einteilen durch die Gruppenleiter
- Auswählen durch die Kinder
- selbstständiges Zuordnen durch die Kinder
- Einteilen nach dem Zufallsprinzip.

Hinter diesen Möglichkeiten der Mannschaftsbildung verstecken sich häufig Konfliktsituationen, die von vornherein ein freudvolles Spiel kaum zulassen.

Jede dieser vier Möglichkeiten hat ihre Vor- beziehungsweise Nachteile. Bei der Auswahl eines Verfahrens sollten Sie darauf achten, welches Ziel Sie bei der Zusammensetzung einer Gruppe verfolgen:

- Brauche ich ausgeglichene Gruppen?
- Ist die Gruppenstärke unbedeutend?
- Möchte ich ungleiche Gruppen korrigieren?

Natürlich hängt ein spaßbetontes Spiel nicht alleine von der Zusammensetzung der Spielgruppen ab. Auch die Auswahl des Spielangebotes, die Festlegung von Regeln sind hierbei sehr wichtig.
Nur Spiele, die von jedem Kind auch gespielt werden können, sind die Grundvoraussetzung dafür, dass Gefühle wie Angst, Misserfolg, Beschämung und Schmerz bei der Spielerziehung außen vor bleiben.

Gleichberechtigte Beteiligung am Spiel wird unter anderem erleichtert, wenn

- die Mithilfe aller Kinder zum Erfolg notwendig ist,
- das Verständnis für schwächere Kinder gefördert wird,
- Spielen wichtiger als Siegen ist,
- ausreichende Spielmöglichkeiten angeboten werden,
- Anforderungen den Fähigkeiten der Kinder angepasst sind,
- Problemlösungen gemeinsam gesucht werden.

Nachfolgend sollen einige Beispiele aufgezeigt werden, wie man spielerisch und auch per Zufall Mannschaften bilden kann.

Sie können die einzelnen Vorschläge ausschneiden, mit eigenen Ideen ergänzen, in die Spielstunde mitnehmen, zu einer Spielekartei zusammenstellen und mit Hilfe der Blankovorlagen stetig erweitern.

Gruppen bilden: Atome mit Verstecken

Alle bewegen sich nach Musik, nach dem Takt eines Tamburins, nach Klatschen, ... durch den Raum.
Rufen Sie bei Stopp eine Zahl und ein „Versteck" (unterm Stuhl, hinter Kästen, auf Matten, in bestimmten Ecken, ...).

Schnell suchen die Kinder den jeweiligen Ort auf und bilden dort der Zahl entsprechende Kleingruppen.

Zusätzlich können auch Bilder (mit Tieren, Fahrzeugen etc.) oder Wortkarten (hüpfen, schleichen, traurig, fröhlich, ...) hoch gehalten werden, die die Fortbewegungsart zum „Versteck" vorgeben.

Material	Varianten und Notizen
• Musik, Tamburin	• mit geschlossenen Augen
• Turngeräte	• ohne Verstecken
• Wortkarten	

Gruppen bilden: Fäden ziehen

Um Paare zufällig zusammenzustellen, halten Sie ca. 1m lange Wollfäden (halb so viele wie Kinder) so in der Faust, dass die Enden links und rechts herunterhängen.

Jedes Kind ergreift nun ein Ende. Ohne die Fäden loszulassen, muss sich die Gruppe jetzt zu lauter Paaren entwirren. Für die Bildung von Vierergruppen erfolgt ein zweiter Durchgang.

Für das Bilden von Vierergruppen können auch je zwei gleichfarbige Fäden verwendet werden.

Material	Varianten und Notizen
• Wollfäden	• mit geschlossenen Augen
• (siehe Varianten)	• mit Pfeifenreinigern
	• mit Bleiband (anstatt Wolle)

Gruppen bilden: Gegenstände verteilen

Jedes Kind erhält einen verschieden farbigen Zettel, eine Spielkarte oder einen anderen kleinen Gegenstand, die jeweils verschiedenen Gruppen zugeordnet sind (z. B. Gruppenfarben rot, gelb, grün, …/Gruppenkarten Karo, Herz, Pik, Kreuz. usw.)

Die Kinder gehen (eventuell zu Musik) mit geschlossenen Augen kreuz und quer durch die Halle. Trifft man aufeinander, wird der Gegenstand, die Spielkarte bzw. der Zettel getauscht.

Bei Stopp finden sich die Kinder mit den gleichen Farben, Karten oder Gegenständen zu Gruppen zusammen.

Material	Varianten und Notizen
• farbiges Papier • Gegenstände • (Musik)	• Vorgabe von Bewegungsarten wie Hüpfen, Krabbeln, …

Gruppen bilden: Merkmale finden

Rufen Sie ein Merkmal zur Gruppenbildung auf (z. B. Augenfarbe, Hosenfarbe, …), während alle Kinder durch die Halle laufen.

Die Kindern mit dem genannten Merkmal finden sich zu Gruppen zusammen.

Im Rahmen einer Rhythmusschulung kann hier ebenfalls Musik verwendet werden.

Material	Varianten und Notizen
• (Musik)	• Lieblingsspielzeug, -gericht, … Die Kinder müssen hierbei ihre persönlichen Favoriten laut und mehrmals rufen, um sich zu Gruppen zusammenfinden zu können.

Gruppen bilden: Daumen biegen

Alle bilden einen Halbkreis/Kreis. Jedes Kind streckt einen Arm vor und hält die Hand so, dass der Daumen nach oben zeigt.

Ein Kind in der Kreismitte/vor dem Halbkreis schließt die Augen und dreht die Hälfte der Hände so, dass die Daumen nach unten zeigen.

Bei einer Aufteilung in drei Gruppen müsste der Daumen bei je einem Drittel nach unten, zur Seite und nicht „verbogen" werden.

Material	Varianten und Notizen
	• je nach Gruppe eine bestimmte Fingeranzahl abzählen

Gruppen bilden: Familie Meier

Verteilen Sie vorbereitete Kärtchen. Auf ihnen sind Familiennamen geschrieben, die ähnlich klingen (Meier, Schreier, Leier). Pro Namen gibt es mehrere Karten.

Alle gehen umher und tauschen nach Belieben die Karten.

Bei Stopp sollen sich die Kinder durch Zurufen der jeweiligen Namen auf den Karten zu Gruppen zusammenfinden.

Material	Varianten und Notizen
• Wortkarten	• Vornamen
	• Namen von Comic-Helden

Gruppen bilden: In die Ecken rennen

Alle bewegen sich nach Musik durch die Halle.

Wenn die Musik stoppt, krabbelt, kriecht, hüpft, ... jedes Kind in eine Ecke.

Die Kinder in der jeweiligen Ecke bilden eine Gruppe.

Die Höchstzahl in jeder Ecke oder bestimmte Ecken können vorher festgelegt werden.

Material	Varianten und Notizen
• (siehe Varianten) • Musik	• Turngeräte (Bänke, Kästen) als Hindernisse bzw. Treffpunkte aufstellen

---

Gruppen bilden: Tiere finden

Jeder erhält einen Zettel mit einem Tiernamen.

Auf Kommando ahmt jedes Kind den Tierlaut nach und bewegt sich entsprechend dazu.

Gleiche Tiere suchen sich und bilden eine Gruppe.

Bei kleineren Kindern können Tierbilder (z. B. Postkarten mit Tiermotiven) verwendet werden.

Material	Varianten und Notizen
• Wortkarten • Tierbilder	• Lieder summen, singen • Gangart vorgeben

Gruppen bilden: Handflächen zeigen

Alle strecken auf „Achtung-Fertig-Los" eine Hand nach vorn und halten dabei den Handrücken nach oben oder unten.

Kinder, die den Handrücken nach oben bzw. nach unten halten, bilden jeweils Gruppen.

Material	Varianten und Notizen
	• weitere Zeichen vereinbaren (Fingerzahl, Faust, Daumen, …)

Gruppen bilden: Puzzle zusammensetzen

Mehrere Bilder werden in Puzzleteile zerschnitten und jedes Kind erhält ein Puzzleteil.

Kinder mit zusammenpassenden Teilen suchen sich und setzen ihr Puzzle zusammen.

Wenn das Puzzle fertig ist, bilden sie eine Spielgruppe.

Material	Varianten und Notizen
• Bilder für Puzzles • evtl. Pappe zum Stabilisieren	

Gruppen bilden: Standogramm

Ein Kind stellt sich in die Mitte und bezieht Stellung (s. u.). Die anderen rücken zu ihm auf oder bleiben entfernt, je nachdem, ob sie zustimmen oder ablehnen.

Beispiele: Meine Lieblingsfarbe ist rot. Ich esse gerne Spaghetti.

Kinder mit gleichen Vorlieben bzw. Abneigungen bilden jeweils eine Gruppe.

Material	Varianten und Notizen

Gruppen bilden: Wortpaare

Verteilen Sie Kärtchen, auf denen Bilder-/Wortpaare (Burg-Tor, Haus-Tür, …) stehen.

Kinder mit zusammenpassenden Wörtern/Bildern müssen sich suchen und bilden eine Mannschaft.

Material	Varianten und Notizen
• Bild- oder Wortkarten	• Sprichwortteile, Liedtextteile
• (siehe Varianten)	• zusammengehörende Gegenstände

Gruppen bilden: Personen erraten

Heften Sie jedem Kind den Namen einer Person (einer Sportart, eines Berufes, ...) mit Klebeetikett auf den Rücken. Die Namensschilder müssen je nach Anzahl der gewünschten Gruppen identisch sein.

Durch Fragen an die anderen soll jedes Kind herausfinden, wer es ist. Geantwortet werden darf nur mit „Ja/Nein".

Die Kinder mit identischen Schildern finden sich zu entsprechenden Gruppen zusammen.

Material	Varianten und Notizen
• Kärtchen	• Städtenamen, Tiere
• Klebeetiketten	• Bildkärtchen, pantomimisch antworten

Gruppen bilden: Verkehrsspiel

Jedes Kind ahmt ein Fahrzeug (Flugzeug, Auto, Lkw, Zug, ...) nach und bewegt sich durch die Halle.

Auf Kommando treffen sich die gleichen Fahrzeuge in einer Ecke/an einem bestimmten Ort und bilden eine Gruppe.

Die Ecken/Treffpunkte können vorher oder während des Spiels festgelegt werden.
Als Verkehrshindernisse können Geräte in der Halle verteilt werden.

Material	Varianten und Notizen
• (Turngeräte)	• Tiere nachahmen
	• Berufe vormachen

Gruppen bilden: Wörterspiel

Jedes Kind erhält ein Buchstabenblatt (Din-A4) mit groß aufgemalten Buchstaben.

Jetzt sollen Wörter gebildet werden, indem sich die Kinder mit passenden Buchstaben nebeneinander stellen.

Für die Gruppenaufteilung ist es einfacher, wenn Sie eine bestimmte Buchstabenzahl oder ein bestimmtes Wort vorgeben.

Bei kleineren Kindern können auch zusammengehörende Bilder (Möbel, Sportgeräte, Kleidungsstücke usw.) gewählt werden.

Material	Varianten und Notizen
• Papier • Abbildungen	

Gruppen bilden: Kettenfangen

Alle Kinder bewegen sich durch die Halle. Ein Kind wird zum Fänger bestimmt.

Schlägt es ein anderes Kind ab, fassen sich beide an der Hand und fangen weiter.

Je nach gewünschter Gruppengröße teilen sich die Fänger nach einer bestimmten Anzahl und versuchen, die restlichen Kinder einzufangen.

Material	Varianten und Notizen
	• andere Fangspiele

Gruppen bilden: Geburtstage

Die Schüler werden nach den Geburtsmonaten in Gruppen eingeteilt.

Material	Varianten und Notizen
	• Anfangsbuchstaben von Namen • Lieblingsessen, -farbe, …

Gruppen bilden: Wäscheklammern

Verteilen Sie verschieden farbige Wäscheklammern.

Die jeweiligen Farben bilden Gruppen.

Vor dem Einteilen in Gruppen können die Kinder durch die Halle laufen und ihre Wäscheklammern gegenseitig tauschen.

Nach einem vorher abgesprochenen Kommando darf nicht mehr getauscht werden.

Zur rhythmischen Schulung können sich die Kinder zu Musik bewegen.

Material	Varianten und Notizen
• Wäscheklammern • (siehe Varianten)	• andere Gegenstände (Spielkarten, Gummis, Bierfilze, Bänder, Wolle, …)

Gruppen bilden: Bunte Bälle

Werfen Sie verschiedenfarbige Bälle in die Halle, die von den Kindern gefangen werden müssen. Bälle gleicher Farbe bestimmen eine Gruppe.

Mit dieser Idee kann gleichzeitig auch der erste Bewegungsdrang ausgelebt werden.

Die Kinder können sich bei dieser Gelegenheit gegenseitig kleine Kunststücke mit dem Ball zeigen.

Material	Varianten und Notizen
• Bälle	

Gruppen bilden: Zuwählen

Bestimmen Sie jeweils drei (vier, fünf, …) spielerisch gleich starke Kinder.

Alle anderen verteilen sich der Reihe nach so, dass hinter jedem der ausgewählten Kinder drei (vier, fünf, …) weitere stehen.

Es ist darauf zu achten, dass eine vorgegebene Gruppengröße nicht überschritten wird. Ist eine Gruppe bereits „voll", muss das wählende Kind eine andere Gruppe suchen.

Material	Varianten und Notizen

Gruppen bilden: Tastspiel

Alle Kinder schließen die Augen und versuchen, sich der Größe nach in einer Reihe aufzustellen.

Je nach gewünschter Gruppengröße können Sie anschließend abzählen lassen.

Material

Varianten und Notizen

Gruppen bilden: Suchspiel

Verstecken Sie abgezählte Spielkarten in der Halle.

Auf Kommando gehen alle Kinder die Karten suchen. Jeder muss eine Karte finden.

Zusammengehörige Spielkarten (Asse, Könige, Damen, ...) bilden eine Spielgruppe.

Um das Suchen zu erschweren, können in der Halle Turngeräte aufgestellt werden.

Material
- Spielkarten
- (Turngeräte)

Varianten und Notizen

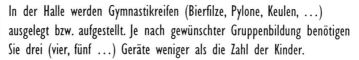

Gruppen bilden: Ein Haus suchen

In der Halle werden Gymnastikreifen (Bierfilze, Pylone, Keulen, …) ausgelegt bzw. aufgestellt. Je nach gewünschter Gruppenbildung benötigen Sie drei (vier, fünf …) Geräte weniger als die Zahl der Kinder.

Alle Kinder bewegen sich zur Musik durch die Halle und um die Gegenstände.

Stoppt die Musik, sucht sich jeder ein „Haus". Wer kein Haus findet, bildet die erste Gruppe.

Im nächsten Durchgang werden drei (vier, fünf, …) Geräte weggenommen und das Spiel beginnt von vorn. Wer jetzt kein Haus findet, bildet die zweite Gruppe.

Material	Varianten und Notizen
• Reifen, Pylone, Keulen, Bierfilze o. Ä. • Musik	

Gruppen bilden: Süßer Regen

Je nach gewünschter Gruppengröße werden Bonbons in ein Tuch gelegt und an der Decke befestigt.

Die Kinder bewegen sich zur Musik unter dem Tuch. Lösen Sie jetzt das Tuch: Plötzlich fällt süßer Regen von oben … Jedes Kind nimmt sich ein Bonbon. Je nach Bonbonart/Verpackungsfarbe finden sich die Kinder zu Gruppen zusammen.

Material	Varianten und Notizen
• Tuch, Schnur • Bonbons • Musik • (siehe Varianten)	• andere Gegenstände wie Bierfilze, Wäscheklammern, Luftballons, …

Gruppen bilden:

Material | **Varianten und Notizen**

Gruppen bilden:

Material | **Varianten und Notizen**

4. Spielerisch Üben mit Hand und Ball

In diesem Kapitel stehen koordinative Spielformen und Spielübungen sowie Fangspiele am Anfang. Gerade im Zuge der „veränderten Kindheit" und einer „bewegungsfeindlichen Umwelt" kommt dem Prinzip der Vielseitigkeit eine zentrale Bedeutung zu. Bei allen Bemühungen geht es um die Entwicklung einer altersgemäßen Spielfähigkeit, die nur auf der Grundlage einer vielseitigen, allgemeinen Grundausbildung erreicht werden kann.

Im Anschluss daran werden acht Zielspiele mit einer Auswahl von Spielformen und Spielübungen (sogenannte Bausteine) vorgestellt. Die jeweiligen Anregungen sind nicht als methodische Reihe zu verstehen, sondern vielmehr als Hilfen, die dazu beitragen sollen, dass das Zielspiel möglichst von allen Kindern gespielt werden kann. Sie bilden eine kleine Einheit, sodass in wenigen Stunden das Zielspiel erfolgreich beherrscht wird. Grundsätzlich kann bei allen Zielspielen und den Spielformen nach den Regeln „4+1" (4 Feldspieler, 1 Torhüter) gespielt werden.

Die genauen Regeln von „4+1" finden Sie in Kapitel 7. Eine Fülle von zusätzlichen Spiel- und Übungsideen bieten weitere Fachbücher (s. S. 126) zum Thema an.

Die Verfasser haben bewusst den Begriff „Spielübungen" verwendet, um zu verdeutlichen, dass trotz der Schulung von Fähigkeiten und Fertigkeiten alle Übungen spielerischen Charakter haben.

Eine Ergänzung, ein Austausch, eine Zusammenstellung neuer Bausteine je nach Kenntnis- und Leistungsstand sowie Bedingungen vor Ort sind denkbar, manchmal sogar notwendig und lassen sich mit den Blankokarteikarten im Handumdrehen erreichen.

Möchte man z. B. das Zusammenspiel innerhalb einer Mannschaft fördern, nimmt man anstelle eines Balles ein zusammengeknotetes Handtuch oder einen Schaumstoffwürfel (Rugby-Ei). Solche Spielgeräte verhindern auf natürliche Weise, dass einzelne Kinder verstärkt prellen: Die Spieler werden automatisch zum Abspielen/Zusammenspielen gezwungen.

Je nach Übungsschwerpunkt lassen sich alle Spielformen und Spielübungen auf vier Ebenen verändern.

Will man z.B. das Zusammenspiel bzw. das Spielverständnis verbessern, werden zusätzliche Regeln vereinbart oder Spielgeräte eingesetzt, die das Prellen verhindern.

Auch die Veränderung der Mannschaftsgröße oder der Spielfläche kann das Leistungsgefälle abbauen und die Anpassungsfähigkeit der Kinder fördern.

Verändert werden können:

Spielgeräte:

verschiedene Wurfgeräte (Rugbyball, Handtuch, Frisbeescheibe, Tennisbälle, ...) oder mehrere Bälle

Gruppen:

Mannschaften in Gleichzahl, Angreifer in Überzahl, Abwehr in Unterzahl

Spielregeln:

Vorgaben wie: ohne Prellen, ohne Rückpässe, Spiel mit der „schwachen" Wurfhand, nur bestimmte Passarten (Bodenpass, beidhändiger Pass), besondere Würfe belohnen (Sprungwurf, Fallwurf)

Spielfeld:

Spielen in der ganzen Halle, mit verkleinerten Feldern, mit neutralen Zonen, auf unterschiedliche Tore (Matten, Kästen, Reifen).

Koordination – sich vielfältig bewegen können

Bewegungssicherheit setzt koordinative Fähigkeiten voraus. Diese sind jedoch nicht angeboren. Sie müssen erlernt, gefestigt und stetig weiter entwickelt werden. Im Alter von sechs bis zwölf Jahren sind Kinder, was die Verbesserung koordinativer Leistungen anbetrifft, besonders lernfähig.
Für Grundschule und Kindergarten lassen sich fünf wesentliche koordinative Fähigkeiten bestimmen:

Orientierung – bei gewollten und ungewollten Bewegungen die Orientierung im Raum nicht verlieren.

Beispiele
1. Spiele, bei denen Räume, Abstände, Begrenzungen etc. eingehalten werden müssen: z.B. Prellen auf Linien, Ballprellen mit Begrüßen, Brückenwächter (die Kinder müssen ein von Bänken begrenztes Feld durchqueren, ohne vom „Brückenwächter" berührt zu werden; wer gefangen wird, hilft mit), Fangspiele
2. Rollen um die Quer- und Längsachse: z.B. Mattenbahnen, über die sich die Kinder rollen, Durcheinanderlaufen zwischen Matten (auf Zuruf erledigen die Kinder auf den nächstliegenden Matten kleine Aufgaben)

Reaktion – auf verschiedene Reize schnell reagieren.

Beispiele
1. Lauf- und Fangspiele
2. Reaktionsspiele mit Ball: z.B. Schattenprellen (s. S. 59), Partnerzuspiel mit zwei Bällen, Völkerball (s. S. 67)

Gleichgewicht – den Körper im Gleichgewicht halten bzw. das Gleichgewicht wieder herstellen.

Beispiele
1. Balancieren auf stabilen und labilen Unterlagen: z.B. auf Reckstangen, Bänken, Barren mit Bewegungsaufgaben

Rhythmus – einen Bewegungsablauf jeweils in dem ihm eigenen Rhythmus ausführen.

Beispiele
1. Seilspringen in verschiedenen Variationen: z.B. Sprungseil, Taue, Springender Kreis (alle Kinder springen im Kreis, ein Kind in der Mitte gibt die Variationen vor)

2. Laufen über Hindernisse: z. B. Bänke, Kästen, Reifen, Sprungseile
3. Synchron ausgeführte Bewegungsaufgaben: z. B. Gerätebahnen, Schwingen an Tauen

 Differenzierung – einen Bewegungsablauf sicher, ökonomisch und genau durchführen, wobei die Dosierung des Krafteinsatzes eine wichtige Rolle spielt.

Beispiele
1. Kunststücke mit Handgeräten (allein, paarweise, in der Gruppe)
2. Werfen auf Ziele mit unterschiedlichen Gegenständen, in unterschiedlichen Wurfhöhen
3. Überspringen von Hindernissen, Zielspringen in markierte Bereiche

Grundsätzlich sollte nicht das isolierte Üben einzelner Fähigkeiten im Vordergrund stehen, sondern vielmehr eine umfassende Ausbildung mehrerer Fähigkeiten durch spielerische Formen. Gerade Koordinationsparcours wie Spielstraßen, spielerische Zirkel (Circuittraining), usw. haben einen hohen Aufforderungscharakter.

Kleine Spiele – hier vor allem Fangspiele – bieten sich für den Erwärmungsteil der Spielstunde an. Sie dienen nicht allein zum Austoben und Stillen des ersten Bewegungsdrangs, sondern sind ebenso als „funktionelle Gymnastik mit Kindern" zu verstehen.

Aus dem reichhaltigen Angebot in der Fachliteratur (s. S. 126) finden Sie auf den folgenden Seiten einige Beispiele abgedruckt.

Die koordinativen Fähigkeiten, die dabei jeweils besonders gefördert werden, finden Sie als Symbole auf den Kärtchen wieder.

Koordination: Grüne Männchen vom Mars

Stellt euch vor, einige von uns sind ferne Bewohner aus dem All, die auf der Erde gelandet sind. Da es im All furchtbar kalt ist, haben diese fremden Wesen keine Wärme in sich.

Jeder, der von diesen Wesen berührt wird, erstarrt augenblicklich zu Eis (= sich mit den nach oben ausgestreckten Armen aufrecht hinstellen).

Aber zum Glück gibt es für die Menschenkinder auf der Erde eine Möglichkeit, sich zu retten. Ein zu Eis erstarrter Mensch kann durch festes Umarmen wieder zum Leben erweckt werden.

Material	Varianten und Notizen	

Koordination: Bazille und Blutkörperchen

Ein bis zwei Kinder (= Bazillen) mit Ball müssen die übrigen (= Blutkörperchen) mit dem Ball berühren (= anstecken).

Wer infiziert wird, verharrt in Brückenhaltung, in der Hocke, auf dem Rücken, auf dem Bauch, ... am Platz.

Das kranke Kind kann erlöst werden, indem ein gesundes unter der Brücke hindurchkriecht, über das Kind springt, ...

Material	Varianten und Notizen	

Koordination: Heringsdose

Ein bis zwei Kastenteile dienen als Heringsdose.

Zwei Kinder fassen sich an der Hand und bilden ein Fischerpaar. Die übrigen sind die Heringe, die durch Abschlagen gefischt werden.

Wird ein Hering geangelt, kommt er in die Heringsdose und wartet auf das nächste Kind.

Mit ihm bildet er ein neues Fischerpaar.

Material
- ein bis zwei Kastenteile

Varianten und Notizen

Koordination: Müllmänner

Eine oder mehrere Matten dienen als Müllhalde. Zwei Müllmänner, die sich an der Hand halten, fangen die Mülltonnen per Abschlag.

Wer gefangen wurde, wird von den Müllmännern auf die Müllhalde transportiert. Dort wartet er auf die nächste Mülltonne, um ein neues Fangpaar zu bilden.

Das richtige Tragen muss erklärt werden: Ein Müllmann greift die Oberschenkel, der andere packt unter den Armen zu. Mit geradem Rücken aufrichten und wegtragen!

Material
- mehrere Matten

Varianten und Notizen

Koordination: Tiergymnastik 1

Die Kinder sollen (evtl. zu Musik) verschiedene Fortbewegungsarten von Tieren nachahmen. Dabei wird gleichzeitig der Körper allgemein gekräftigt.

- Storch: Ein Bein am Körper entlang nach oben ziehen, ganz gerade stehen und einen großen Schritt nach vorne machen.
- Pinguin: Körper völlig anspannen und watscheln.
- Weitere Tiere können die Kinder selbst finden.

Material
- (Musik)

Varianten und Notizen

Koordination: Tiergymnastik 2

Die Kinder sollen (evtl. zu Musik) verschiedene Fortbewegungsarten von Tieren nachahmen. Dabei wird gleichzeitig der Körper allgemein gekräftigt.

- Spinne: auf allen Vieren krabbeln und dabei keine Linie berühren.
- Krebs: Vierfüßlerkrabbelgang, vorwärts und rückwärts.
- Känguru: weite Schluss-Sprünge mit Ausholbewegung der Arme.

Material
- (Musik)

Varianten und Notizen

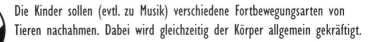

Koordination: Tiergymnastik 3

Die Kinder sollen (evtl. zu Musik) verschiedene Fortbewegungsarten von Tieren nachahmen. Dabei wird gleichzeitig der Körper allgemein gekräftigt.

- Affe: seitliches Krabbeln auf allen Vieren.
- Wurm: auf Vierfüßlerstand, mit der Nase am Boden entlang den Körper nach vorne ziehen.
- Seelöwe: Stützeln (= sich in Liegestützhaltung nur mit den Händen vorwärts bewegen und die Beine nachziehen).

Material
- (Musik)

Varianten und Notizen

Koordination: Paketpost

Ein Drittel der Gruppe kennzeichnet sich durch Spielbänder als „Posträuber".

Diese verwandeln die flüchtenden Kinder durch Abschlag in Pakete (= Kauerstellung, Arme um die Knie).

Die noch freien Kinder können die „Pakete" wieder befreien, indem sie diese zur Post (= Turnmatten) bringen.

Ein Kind, das ein Paket trägt, darf nicht abgeschlagen werden.

Material
- Spielbänder
- Turnmatten

Varianten und Notizen

Koordination: Ringender Kreis mit Fangen

Die Kinder stehen mit gefassten Händen um einen ca. 1 m großen Kreis, in dessen Mitte einige Keulen, Pylone, ... aufgestellt werden.

Durch Ziehen und Schieben versucht jedes Kind, die anderen zum Betreten der Kreisfläche bzw. Umwerfen der Keulen zu zwingen.

Geschieht das, muss der Pechvogel die zu einem 10–15 m entfernten Freimal flüchtenden Kinder abfangen.

Material
- Keulen, Pylone, ...
- Freimal

Varianten und Notizen

Koordination: Kletterfangen

Als Freimale zählen die in der Halle aufgestellten bzw. eingerichteten Turngeräte, an die sich die Kinder vor dem sie verfolgenden Fänger durch Hochspringen oder Hochklettern retten.

Zwei bis drei Kinder versuchen, die anderen zu berühren, ehe sie ein Freimal erreicht haben.

Wer berührt wird, hilft den Fängern.

Material
- Turngeräte

Varianten und Notizen

Koordination: Henne und Habicht

Die Kinder stehen dicht hintereinander in einer Reihe und fassen das jeweilig vordere Kind fest bei den Hüften.

Das erste Kind – die Henne – breitet die Arme aus, um seine Küken vor dem gegenüber stehenden Habicht zu schützen.

Der Habicht versucht, das letzte Küken zu berühren. Gelingt dies, erfolgt Rollentausch.

Material

Varianten und Notizen

Koordination: Zauberer und Fee

Zwei bis drei Zauberer verzaubern mit ihrem Zauberstab (Zeitungsrolle) durch Berühren die flüchtenden Kinder. Nach dem Abschlagen flüstert der Zauberer dem verzauberten Kind den Namen eines Tieres (Varianten: Sportart, Beruf, …) ins Ohr, das es spielen muss.

Nun kommen zwei bis drei Feen. Wenn sie erraten, welches Tier dargestellt wird, darf das verzauberte Kind sich wieder normal bewegen und der Fee helfen.

Rät die Fee falsch, muss das Kind dem Zauberer helfen.

Material
- Zeitungsrollen

Varianten und Notizen

Koordination: Rhythmusprellen

Alle Kinder erhalten einen Ball und bewegen sich in der Halle.

Auf Kommando gibt ein Kind einen bestimmten Prellrhythmus vor, den dann die anderen nachmachen müssen.

Material
- ein Ball pro Kind

Varianten und Notizen

Koordination: Mattenlaufen

Auf sechs bis acht Turnmatten liegen Bildkarten mit Tieren, Gymnastikübungen, … .

Alle bewegen sich rhythmisch nach Musik zwischen den Matten.

Stoppt die Musik, sucht sich jedes Kind eine Matte und ahmt die Abbildung auf der Karte etwa 20 Sekunden nach.

Läuft die Musik wieder, wird jedes Kind aus seinem Standbild befreit und bewegt sich bis zum nächsten Musikstopp wieder zwischen den Matten.

Material
- Matten
- Musik
- Bildkarten

Varianten und Notizen

Koordination: Teufelstanz

Die Kinder bilden einen Kreis mit Blick nach innen.

Schwingen Sie nun in der Mitte des Kreises etwa in Kniehöhe ein Seil. An dessen Ende wird ein Ringtennisring befestigt.

Alle Kinder springen über das kreisende Seil.

Wer hängen bleibt, erhält eine kleine Sonderaufgabe (Kniebeugen, Liegestütz, …).

Material
- Seil
- Ringtennisring ö. Ä.

Varianten und Notizen

Koordination: Linienlaufen

Jedes Kind erhält einen aufgeblasenen Luftballon, welcher in der Luft gehalten werden muss. Alle Körperteile dürfen dabei eingesetzt werden.

Die Kinder dürfen sich dabei nur auf den vorhandenen Hallenlinien bewegen.

Kommen sich zwei Kinder auf einer Linie entgegen, werden die Luftballons getauscht, bevor die Kinder aneinander vorbeigehen.

Material
- Luftballons

Varianten und Notizen
- Die Kinder dürfen nicht ihre Hände benutzen, um den Luftballon in der Luft zu halten.

Koordination: Brummiger Bär

In einer Kreismitte (Basketballkreis, Kreppkreis, ...) liegt ein schlafender Bär.

Die Kinder verteilen sich um die Bärenhöhle und necken den schlafenden Bären.

Plötzlich wacht der Bär auf und versucht, ein Kind zu fangen.

Wer gefangen wird, legt sich in die Bärenhöhle und hilft dem brummigen Bären beim Fangen.

Material
- (Kreppband, Kreide)

Varianten und Notizen

Koordination:

Material

Varianten und Notizen

Zielspiele –
Spielfähigkeit erwerben

Spielen lernt man durch Spielen.

HAND-BALL-SPIELEN DURCH SPIELEN MIT HAND UND BALL.

Immer noch wird in der Spielerziehung der Fehler begangen, Fertigkeiten überwiegend durch reine Übungsformen zu vermitteln und erst spielen zu lassen, wenn geübt, geübt und nochmals geübt wurde. Kinder üben in Sportstunden häufig zu viel und spielen zu wenig.

Eine vielseitige, allgemeine Spielfähigkeit zu erwerben, heißt jedoch:

„SPIELEN IST WICHTIGER ALS ÜBEN!"

Das Miteinanderspielen unter Anwendung der sportartspezifischen Grundtechniken sowie das Vermitteln von vielseitigen Bewegungserfahrungen hat im Bereich von Kindergarten und Grundschule Vorrang, denn

„MITEINANDER SPIELEN IST EIN GEMEINSAMES ERLEBNIS!"

Im Mittelpunkt allen Bemühens steht die Entwicklung einer altersgemäßen Spielfähigkeit. Darunter ist aber nicht die Ausbildung zur „Miniausgabe" eines Spitzenathleten zu verstehen, sondern — wie schon angesprochen — ein eigenständiger systematisch und methodisch aufgebauter Weg und zwar immer

KINDGERECHT und KINDGEMÄß!

Beim Aufbau der folgenden Zielspiele unterscheiden die Verfasser zwischen Spielformen und Spielübungen.
Dabei liegt der Schwerpunkt bei den

Spielübungen ( )

auf dem Üben von Fertigkeiten und Fähigkeiten, aber immer in spielerischer Form.

Bei den *Spielformen* ( )

dagegen steht das mannschaftliche Mit- und Gegeneinander im Vordergrund.

Die Skizzen auf den Bausteinkarten dienen der näheren Erläuterung von Spielformen und -übungen. Gegnerische Teams oder Spieler werden durch schwarze und weiße Dreiecke gekennzeichnet. Pfeile geben Wurf- oder Spielrichtungen an. Einfachere Spiele werden mit „Strichmännchen" illustriert.

> *Wichtig:* Bei den Skizzen handelt es sich lediglich um mögliche *Momentaufnahmen*, die den Aufbau der Spiele verdeutlichen wollen, nicht um statische Festlegungen von Spielpositionen. So sagt auch die jeweilige Farbe der Mannschaft nichts darüber aus, ob sie angreift oder verteidigt. Die Zahl der abgebildeten Spieler ist ebenfalls nicht verbindlich.

© Verlag an der Ruhr • Postfach 102251 • 45422 Mülheim an der Ruhr

Zielspiel 1: **Mattenball**

: Balltransportstaffel
: Balldieb
: Bälle in den Kasten
: Mattenlauf

: Bälle wegschlagen
: Matten leeren
: Seilchen haschen
: Parteiball

Spielgedanken	Voraussetzungen	Material
Zwei Mannschaften spielen gegeneinander und versuchen, den Ball auf der gegnerischen Weichbodenmatte abzulegen. Die verteidigende Mannschaft darf die eigene Matte nicht betreten. Beim angreifenden Team darf nur das ballführende Kind die Matte betreten.	• Prellen • Ball ablegen • Fangen • Passen • Dribbeln • Freilaufen, Abschirmen • Fintieren	• ein Spielball • zwei Weichbodenmatten (Ersatz: Turnmatten)

Baustein 1: Balltransportstaffel

Zwei Mannschaften, zwei Bälle. Das jeweils erste Kind prellt (rollt, trägt) seinen Ball zu einer Matte, legt ihn dort ab, läuft zurück und schickt das nächste Kind los. Dieses holt den Ball wieder und übergibt ihn dem dritten Kind, usw., bis alle an der Reihe waren. Welches Team hat seinen Durchlauf zuerst beendet?

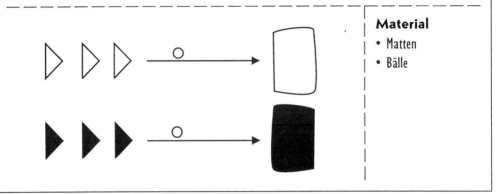

Material
- Matten
- Bälle

Baustein 1: Balldieb

Jede Mannschaft hat einen Dieb im gegnerischen Feld. Dieser versucht, die von seiner Gruppe aus dem eigenen Kasten(teil) zugespielten Bälle zu erobern und in den gegnerischen Kasten zu legen. Bei Anfängern wird die Anzahl der Diebe erhöht.

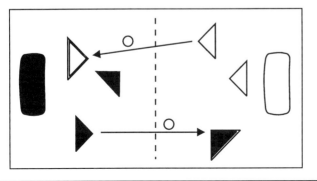

Material
- zwei Kasten(teile)
- Bälle

Baustein 1: Bälle in den Kasten

Mannschaft A versucht, möglichst viele Bälle durch Rollen, Prellen, Tragen, ... ins Kastenteil von Gruppe B zu legen und umgekehrt. Je nach Leistungsniveau kann auch mit ein bis zwei Verteidigern gespielt werden, die die Laufwege versperren. Wer in Ballbesitz berührt wird, muss an den Start zurück und erneut beginnen. Das Spiel kann auf Zeit oder um die Wette gespielt werden. Es gibt zwei Spielformen: 1. Jedes Kind bekommt nur einen Ball (Wettspiel). 2. Die Mannschaft holt sich die Bälle aus einem Kasten, sodass mehrere Durchläufe möglich sind (Spiel auf Zeit).

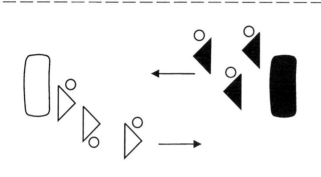

Material
- zwei Kasten(teile)
- Bälle

Baustein 1: Mattenlauf

Ein Team versucht, Bälle aus einem Kasten in dem gegenüber liegenden Kasten abzulegen. Das zu überwindende Feld ist mit Matten ausgelegt, auf denen sich Spieler des anderen Teams bewegen. Wer abgeschlagen wird, muss zurück an den Start und erneut laufen. Transportarten: rollen, tragen, prellen. Gespielt wird auf Zeit. Anschließend tauschen die Teams.

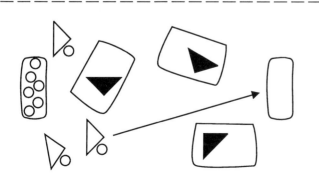

Material
- zwei Kasten(teile)
- Bälle
- mehrere Matten

Baustein 1: Bälle wegschlagen

Jedes Kind prellt mit dem Ball in einem begrenzten Feld und versucht gleichzeitig, den anderen Kindern die Bälle wegzuschlagen. Dabei darf es niemanden berühren. Bei Anfängern kann mit ein bis zwei „Räubern" geübt werden. Nur sie dürfen die Bälle „herausspielen". Sie selbst haben keinen Ball.

Material
- ein Ball pro Kind

Baustein 1: Matten leeren

Auf einer Weichbodenmatte liegen viele Bälle. Zwei bis drei Kinder versuchen, die Bälle von der Matte zu werfen, während die anderen die Bälle zurückbringen.

Transportarten: rollen, tragen, prellen

Spielformen: 1. Gespielt wird auf Zeit. 2. Das Spiel ist zu Ende, wenn die Matte vollständig leer oder voll ist.

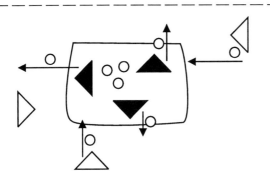

Material
- eine Weichbodenmatte
- viele Bälle

Baustein 1: Seilchen haschen

Jedes Kind steckt sich ein Sprungseil hinten in die Hose, sodass das Seilende den Boden berührt. Nun versuchen die Kinder, sich gegenseitig auf die Seile zu treten, diese also zu „rauben". Wer sein Seil verliert, darf weiterspielen und sich ein neues Seil erobern.

Material
- ein Sprungseil pro Kind

Baustein 1: Parteiball

Immer zwei Mannschaften spielen in einem begrenzten Spielfeld. Ein Team spielt sich dort den Ball zu, während die Kinder des anderen Teams versuchen, diesen Ball zu erobern. Gelingt es ihnen, tauschen die Mannschaften ihre Aufgaben.
Die Passarten können vorher abgesprochen werden: Sind indirekte Pässe (mit Bodenkontakt) erlaubt? Darf nur mit der linken bzw. nur mit der rechten Hand geworfen werden?

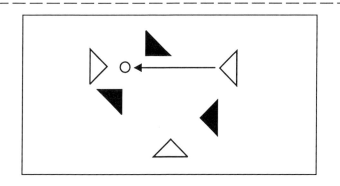

Material
- mehrere Spielfelder
- ein Ball pro Spielfeld

Zielspiel 2: **Würfelball**

: Eimerball
: Kastenteilball
: Drei-Kasten-Ball
: Ablegeball

: Linienprellen
: Felder treffen
: Hetzball
: Fische und Netz

Spielgedanken	Voraussetzungen	Material
Zwei Teams spielen gegeneinander und versuchen, Schaumgummiwürfel von Kästen herunterzuwerfen. Nach der Würfelaugenzahl, die nach dem Abwurf jeweils nach oben zeigt, richtet sich der Wert des Abwurfs (4 Augen = 4 Punkte). Die Basketballkreise dürfen nicht betreten werden.	• Prellen • Schlagwurf • Fangen • Passen • Dribbeln • Freilaufen • Fintieren	• ein Spielball • kleine Kästen • Schaumstoffwürfel

Baustein 2: Eimerball

Zwei Teams spielen gegeneinander. Die Torhüter bewegen sich jeweils in ihren Kreisen. Sie halten einen Eimer in den Händen und versuchen, damit den Ball zu fangen. Jedes Team versucht, der gegnerischen Mannschaft den Ball abzujagen und ihn in den Eimer des eigenen Torhüters zu werfen. Bogenbälle sind nicht erlaubt.

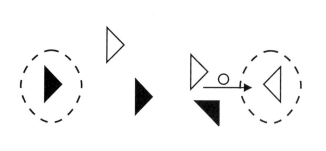

Material
- zwei Eimer
- zwei (Basketball-)Kreise
- ein Spielball

Baustein 2: Kastenteilball

Zwei offene Kastenteile werden in zwei Kreisen aufgestellt. Die beiden Mannschaften bewegen sich frei im Spielfeld und versuchen, sich gegenseitig den Ball abzujagen und ihn durch den gegnerischen Kasten zu werfen. Aus Sicherheitsgründen sollten die Kastenteile nur quer gelegt werden, weil sie hochkant sehr leicht umkippen können.

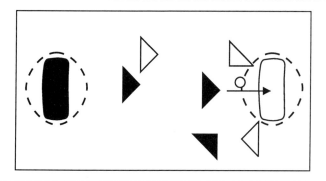

Material
- zwei Kastenteile
- zwei (Basketball-)Kreise
- ein Spielball

Baustein 2: Drei-Kasten-Ball

Zwei Teams spielen in einem begrenzten Feld gegeneinander. Sie versuchen, den Ball in einem der drei Kästen abzulegen. Jede Mannschaft hat zwei der Kästen zu verteidigen, kann aber auch an zwei Kästen Punkte erzielen. (Kästen vorher bestimmen! Eine Mannschaft kann also durchaus den Ball in denselben Kasten ablegen, den sie vor der gegnerischen Mannschaft verteidigen muss.) Es darf nicht – egal von welcher Mannschaft – zweimal hintereinander im gleichen Kasten abgelegt werden. So können Sie verhindern, dass sich das Spiel nur um einen Kasten konzentriert.

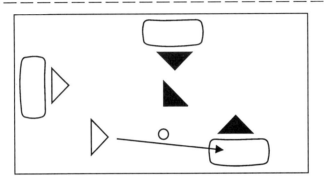

Material
- drei kleine Kästen
- ein Spielball

Baustein 2: Ablegeball

Dieses Spiel funktioniert wie das Zielspiel „Mattenball" (s. S. 41).
Der Unterschied: Es darf nur mit einem Rugby-Ei oder Schaumstoffwürfel gespielt werden.
Auf diese Weise entfällt das Prellen!

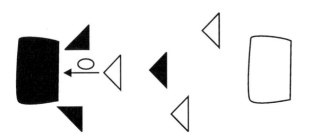

Material
- zwei Weichbodenmatten
- ein Rugby-Ei oder
- ein Schaumstoffwürfel

Baustein 2: Linienprellen

Alle Kinder prellen nur auf den Hallenlinien, ohne dabei andere anzustoßen. Auf Zeichen erfolgt Handwechsel. Sind nur wenige Linien vorhanden, kann auch paarweise oder in Kleingruppen geübt werden. Der Vordermann gibt in diesem Fall die Laufrichtung an. Wenn sich zwei Kinder auf einer Linie begegnen, gibt es mehrere Spielmöglichkeiten: • Sie tauschen den Ball und gehen weiter • Sie drehen sich um und ändern die Laufrichtung • Sie prellen aneinander vorbei.

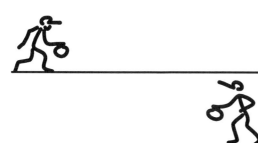

Material
• ein Ball pro Kind

Baustein 2: Felder treffen

Mit Kreide, Klebeband o. Ä. werden verschiedene Zielfelder in unterschiedlicher Form und Größe an der Hallenwand fixiert. Als Zielfelder eignen sich auch Sprossenwände, Kletterwände, Matten, … Geworfen wird mit verschiedenen Bällen.

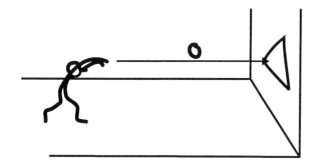

Material
• Kreide oder Klebeband
• verschiedene Hallengeräte
• verschiedene Bälle

Baustein 2: Hetzball

Die Kinder bewegen sich außerhalb eines Kreises und versuchen, durch schnelles Passen das Kind im Kreis abzutreffen.

Varianten:
- Anzahl der Pässe vorgeben
- linker/rechter Nachbar darf nicht angespielt werden
- Pass-/Wurfarten festlegen (direkter/indirekter Pass; nur mit linker/rechter Hand, ...)

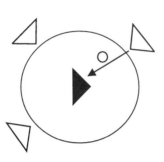

Material
- ein Ball pro Gruppe (Softball)

Baustein 2: Fische und Netz

Die Kinder versuchen, einzeln durch das Netz zu schlüpfen. Das Netz bilden zwei sich an der Hand haltende Kinder. Sie dürfen sich nur entlang einer Linie bewegen.

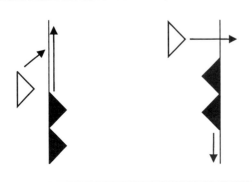

Material
- Hallenlinien

Zielspiel 3: **Reifenball**

: Krankenhausball
: Reifenballspiel
: Brennball
: Linienball

: Finger zählen
: Transportball
: Mattenpaarfangen
: Reifenfangen

Spielgedanken	Voraussetzungen	Material
Zwei Gruppen spielen gegeneinander. Ein Punkt ist erzielt, wenn der Ball in einem Reifen (auch: Kreppkreise oder Matten) abgelegt wird. Die abwehrende Mannschaft kann das durch Blockieren (Hineinstellen des Fußes) der Reifen verhindern.	• Prellen • Ball ablegen • Fangen • Passen • Dribbeln • Freilaufen • Fintieren	• ein Spielball • Reifen (ein bis zwei Reifen mehr als Kinder pro Team, damit nicht jeder Reifen verstellt werden kann.)

Baustein 3: Krankenhausball

Gespielt wird nach dem bekannten Spiel „Völkerball" (s. S. 67): Zwei Teams, zwei Felder. Die Kinder versuchen, die Kinder auf dem jeweils gegnerischen Feld abzuwerfen. Jede Mannschaft hat – anstelle der beim Völkerball üblichen Grenzwächter – zwei „Sanitäter", die abgetroffene Kinder aus dem Feld auf eine Matte transportieren. Nach dieser kurzen Auszeit dürfen die „verletzten" Kinder von dort aus erneut ins Feld und weiterspielen. Je nach Bedarf kann die Zahl der Sanitäter erhöht werden.

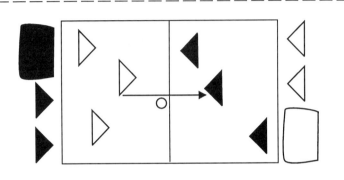

Material
- ein Spielball
- zwei Weichboden-/ Turnmatten

Baustein 3: Reifenballspiel

Gespielt wird analog zum Spiel „Mattenball" (S. 11). In Zonen am Rand des Spielfelds liegen statt der Matten Reifen. Die jeweils angreifende Mannschaft soll den Ball in einem der gegnerischen Reifen ablegen. Keiner darf dabei diese Zone betreten.

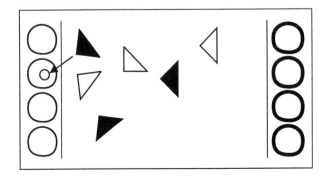

Material
- ein Spielball
- Gymnastikreifen (ein bis zwei Reifen mehr als Kinder pro Team, damit nicht jeder Reifen verstellt werden kann.)

Baustein 3: Brennball

Ein Spiel um die Zeit: Jedes Kind eines Teams muss einen Rundlauf absolvieren, nachdem es den Ball ins Feld geworfen hat. Das gegnerische Feldteam versucht in der gleichen Zeit, diesen Ball möglichst schnell in einem Reifen (Brennmal) abzulegen. Dieses Spiel kann in mehreren Varianten gespielt werden. • Hindernisse im Laufparcours • Laufwege variieren • Verschiedene Wurfgeräte (die je nach Bedarf schwerer oder einfacher zu handhaben sind) • Statt den Ball im Reifen zu platzieren, versucht das Feldteam, damit den Läufer abzuwerfen • Bei längerem Laufparcours: Ruhezonen, in die sich der Läufer retten kann, wenn der Ball im „Brennmal" abgelegt wird. Bei dieser Variante ist denkbar, dass nacheinander mehrere Läufer starten • Mehrere „Brennmale". • Spielfeldform verändern.

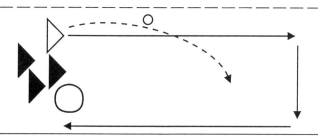

Material
- Spielbälle
- verschiedene (Wurf-) Geräte
- Gymnastikreifen als Brennmale

Baustein 3: Linienball

Gespielt wird das „Reifenballspiel" (s. S. 52). Der Ball muss jedoch in einer neutralen Zone abgelegt werden. (Die Zonen werden abgeklebt oder mit Pylonen/Markierungen gekennzeichnet.)

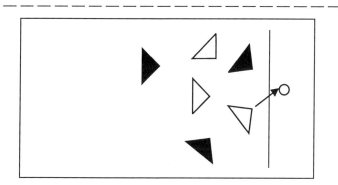

Material
- ein Spielball

Baustein 3: Finger zählen

Zwei Kinder prellen hintereinander im Abstand von ein bis zwei Metern durch die Halle. Das vordere Kind hat seine Hand auf dem Rücken und zeigt dem hinteren Kind ein, zwei, drei, vier oder fünf Finger. Die Zahl wird vom hinteren Kind jeweils laut gerufen.
Sinn der Spielübung: Prellen, ohne auf den Ball zu schauen.

Material
- ein Ball pro Kind

Baustein 3: Transportball

Ein Staffelwettspiel. Die Mannschaften stellen sich jeweils hintereinander auf. Das erste Kind jedes Teams bringt den Ball zum ersten Reifen. Die nächsten Kinder transportieren den Ball jeweils von Reifen zu Reifen. Die Gruppenletzten bringen den Ball zurück. Verschiedene Transportarten können vorgegeben werden, z.B. tragen, rollen, prellen mit links oder rechts, ...)

Material
- ein Ball
- zwei Gymnastikreifen (pro Gruppe)

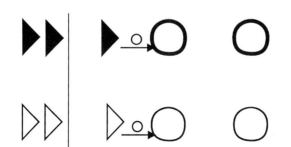

Baustein 3: Mattenpaarfangen

Zwei Kinder stehen sich an einer Turnmatte gegenüber. Mit Nachstellschritten versucht das eine Kind, das andere zu berühren. Die Matte darf nicht übersprungen und betreten werden.

 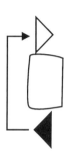

Material
- eine Matte pro Paar

Baustein 3: Reifenfangen

Gespielt wird nach den Regeln „Schwarzer Mann" (= Fänger). Abgeschlagene Kinder stellen sich in die Reifen und dürfen von hier aus andere ebenfalls abschlagen. Dabei dürfen sie jedoch den Reifen nicht verlassen. Der schwarze Mann bewegt sich frei. Variante: mit Ball (vgl. „Jägerball", S. 68). In diesem Fall muss der Fänger die Kinder mit dem Ball abwerfen.

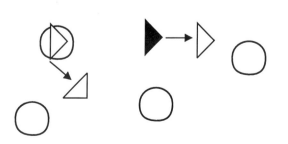

Material
- mehrere Reifen
- (ein Softball)

Zielspiel 4: **Stangentorball**

: Torkreisball
: Vierkönigsball
: Reifentorball
: Bankball

: Passen durch Stangen
: Schattenprellen
: Koordinatives Prellen
: Wandball

Spielgedanken	Voraussetzungen	Material
Zwei Mannschaften spielen in einem begrenzten Spielfeld gegeneinander. Ein Punkt ist erzielt, wenn ein indirektes Zuspiel (Bodenpass) durch ein Stangentor zu einem Mitspieler erfolgt ist. Wird mit direktem Pass gespielt, gibt es keine Punkte.	• Prellen • Schlagwurf • Fangen • Passen • Dribbeln • Freilaufen, Abdecken • Fintieren	• ein Spielball • 6–8 Stangen (Tore) (Ersatz: Pylone, Keulen)

Baustein 4: Torkreisball

Zwei Mannschaften – die einen Angreifer, die anderen Verteidiger – spielen gegeneinander um einen Kreis (Durchmesser ca. 5m). Als Tor (Kreismitte) dienen zwei Stangen. Gespielt wird mit Torhüter. Die angreifende Gruppe erhält als „Anspieler" ein Kind mehr. Dieses darf selbst nicht werfen.

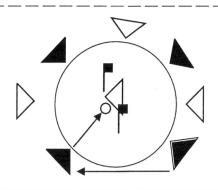

Material
- ein Spielball
- zwei Stangen
- ein Kreis

Baustein 4: Vierkönigsball

Zwei Teams spielen in der Halle gegeneinander. In jeder Ecke befindet sich eine Bank über Eck gestellt. Darauf stehen jeweils diagonal „Könige" der gleichen Mannschaft. Ein Punkt ist erzielt, wenn einer der beiden Könige angespielt werden kann und dieser den Ball fängt. Bogenbälle sollten unterbunden werden.

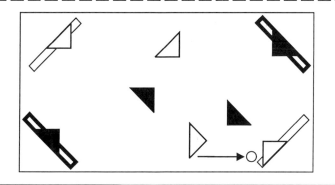

Material
- 4 Bänke
- ein Spielball

Baustein 4: Reifentorball

In einem begrenzten Spielfeld sind Reifen ausgelegt. Zwei Teams spielen gegeneinander. Ein Punkt ist erzielt, wenn ein Bodenpass durch einen Reifen vom Mitspieler gefangen werden kann.

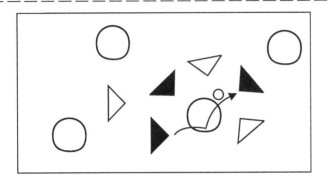

Material
- ein Spielball
- mehrere Reifen

Baustein 4: Bankball

Gespielt wird wie „Reifenballspiel" (s. S. 52), jedoch stehen in den Zonen ein bis zwei Bänke, auf denen sich Hütchen, ... befinden. Die Teams versuchen, die gegnerischen Hütchen herunterzuwerfen. Es kann auch mit ein bis zwei Torhütern gespielt werden.

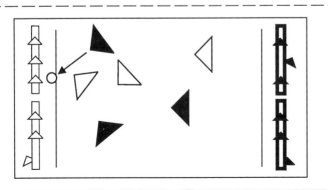

Material
- zwei (vier) Bänke
- Hütchen, Pylone
- ein Spielball

Baustein 4: Passen durch Stangen

Zwei Kinder passen sich den Ball im Stand oder in der Bewegung durch ein Stangentor zu. Verschiedene Pass- oder Wurfarten sowie die Wurfhand können vorgegeben werden. Diese Spielübung kann erschwert werden, wenn ein Torhüter eingesetzt wird.

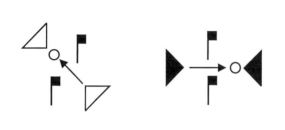

Material
- ein Ball pro Paar
- zwei Stangen pro Paar

Baustein 4: Schattenprellen

Zwei Kinder laufen im Abstand von zwei bis drei Metern hintereinander her. Das vordere Kind prellt und übergibt (eventuell auf Kommando) durch festes Aufprellen den Ball an den Hintermann. Jetzt werden die Rollen getauscht.

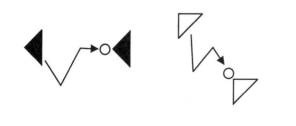

Material
- ein Ball pro Paar

Baustein 4: Koordinatives Prellen

In einem begrenzten Raum prellt jedes Kind mit einem Ball. Auf Kommando werden bestimmte Aufgaben (etwa 10 Sekunden lang) prellend durchgeführt.

Verschiedene Möglichkeiten: Die Kinder sollen im Fersen-/Zehenstand prellen.
Die Kinder sollen auf einem Bein prellen.
Die Kinder sollen laufend die Prellhand wechseln.

Material
- ein Ball pro Kind

Baustein 4: Wandball

Drei bis vier Kinder stehen im Abstand von etwa 5 Metern in einer Reihe vor der Hallenwand und werfen gegen die Wand. Ein weiteres Kind läuft mit Nachstellschritten parallel zur Wand und versucht, die Würfe nacheinander zu blocken. Geworfen wird erst, wenn der Abwehrspieler sich auf Spielentfernung genähert hat. Nach zwei Durchläufen erfolgt Rollentausch.

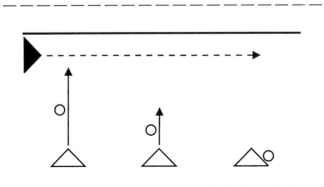

Material
- drei bis vier Bälle

Zielspiel 5: **Kreisball**

: Kreisablegeball
: Kreiskönigsball
: Burgball
: Kastenmann

: Sautreiben
: Henne und Habicht
: Spielball
: Kreishetzball

Spielgedanken	Voraussetzungen	Material
Zwei Mannschaften spielen gegeneinander um zwei Kreise (Durchmesser ca. 3–5m). Als Tore (in der Kreismitte) können verschiedene Gegenstände dienen. Gespielt werden kann mit oder ohne Torhüter. Die Kreise dürfen nicht betreten werden.	• Prellen • Schlagwurf • Fangen • Passen • Dribbeln • Freilaufen • Fintieren	• ein Spielball • zwei Kreise (Basketball, abkleben) • Sportgeräte als Tore (Kastenteile/ Sprungkasten, Bälle, …)

Baustein 5: Kreisablageball

Zwei Teams – die einen Angreifer, die anderen Verteidiger – spielen um einen Basketballkreis. Die angreifende Mannschaft versucht, den Ball im Kreis abzulegen, ohne ihn zu betreten. Gelingt dies, erhält sie einen Punkt. Bei der Aufteilung der Gruppen ist darauf zu achten, dass die Angreifer ein Kind in der Überzahl sind.

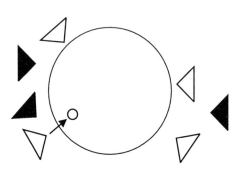

Material
- ein Spielball

Baustein 5: Kreiskönigsball

Die jeweils angreifende Mannschaft versucht, ihren König, der auf einem kleinen Kasten in einem Kreis steht, anzuspielen. Gespielt wird entsprechend auf zwei Kreise. Wenn der König den Ball gefangen hat, zählt dies einen Punkt.

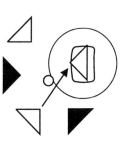

Material
- ein Spielball
- zwei kleine Kästen

Baustein 5: Burgball

Zwei Teams – die einen Angreifer, die anderen Verteidiger – spielen gegeneinander um einen Kreis. Im Kreis steht ein Torhüter, der versucht, einen auf einem Kasten liegenden Ball vor dem Abwerfen zu schützen. Bei der Gruppenaufteilung ist darauf zu achten, dass die Angreifer ein Kind in der Überzahl sind.

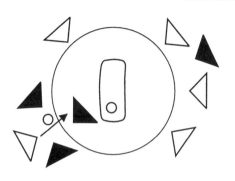

Material
- ein Spielball
- ein Kasten
- ein Medizinball o. Ä.

Baustein 5: Kastenmann

Die Kinder stehen um einen Kreis und versuchen, ein Kind im Kreis abzuwerfen. Als Schutz dient ihm ein Kasten.

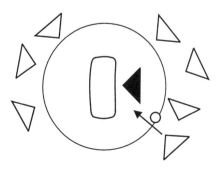

Material
- ein Spielball (Softball)
- ein Kasten
- ein Kreis

Baustein 5: Sautreiben

Zwei Gruppen stehen sich hinter jeweils einer seitlich gekippten Bank gegenüber. In der Mitte des Spielfelds liegt ein Medizinball. Beide Teams versuchen, den Medizinball mit Bällen gegen die Bankfläche der gegnerischen Mannschaft zu treiben.

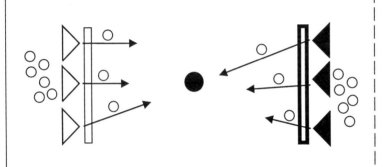

Material
- zwei (vier) Bänke
- ein Medizinball o. Ä.
- viele Bälle

Baustein 5: Henne und Habicht

Fünf bis sechs Kinder stellen sich, an der Hüfte fassend, hinter eine „Henne". Der Habicht versucht nun, das hinterste „Küken" zu berühren. Henne und Küken müssen ausweichen, ohne sich dabei loszulassen. Ist der Habicht erfolgreich, werden die Rollen getauscht, z. B. Habicht wird Henne, das letzte Küken wird Habicht, die anderen Kinder rücken entsprechend auf.

Material

Baustein 5: Spielball

In einem begrenzten Feld spielen zwei Gruppen gegeneinander. Jedes Team hat ein bis zwei Zuspieler außerhalb des Spielfelds. Die beiden Gruppen versuchen nun, ihre Außenspieler, die sich frei bewegen können, anzuspielen. Jedes gelungene Zuspiel wird mit einem Punkt gewertet.

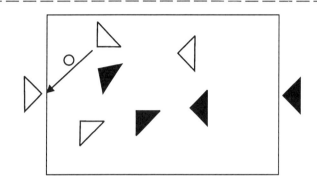

Material
- ein Spielball

Baustein 5: Kreishetzball

Die Kinder stehen um einen Kreis und versuchen, ein Kind im Kreis abzuwerfen. Wird das Kind abgetroffen, erfolgt Rollentausch.

Varianten:
- verschiedene Passarten
- Passzahl angeben
- Wurfhand vorgeben

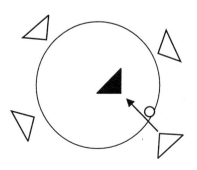

Material
- ein Spielball (Softball)
- ein Kreis

Zielspiel 6: **Drei-Felder-Ball**

- : Königsprellen
- : Völkerball
- : Jägerball
- : Mattenzonenball

- : Drei-Felder-Fangen
- : Fänger und Läufer
- : Parteiball
- : Bälle aus dem Eck

Spielgedanken	Voraussetzungen	Material
Zwei Teams spielen in einem dreigeteilten Feld (Angriff-, Mittel-, Abwehrdrittel) gegeneinander. Die Kinder verteilen sich gleichmäßig auf die Felder; sie dürfen ihr Feld nicht verlassen. Es wird nach den „4+1"-Regeln (Kapitel 7) gespielt.	• Prellen • Schlagwurf/ Sprungwurf • Fangen • Passen • Dribbeln • Freilaufen • Fintieren	• ein Spielball • zwei Tore (Handballtore, Matten, Kästen o. Ä.)

Verlag an der Ruhr • Postfach 102251 • 45422 Mülheim an der Ruhr

Baustein 6: Königsprellen

Gespielt wird jeder gegen jeden in einem dreigeteilten Feld. Jedes Kind beginnt prellend in Feld 1 und versucht dabei, anderen Kindern den Ball herauszuspielen. Wer seinen Ball — so oder so — verliert, geht in Feld 2 und von da bei Ballverlust in Feld 3. In Feld 2 und 3 wird wie in Feld 1 gespielt. Gewonnen hat das Kind, das in Feld 1 übrig bleibt.

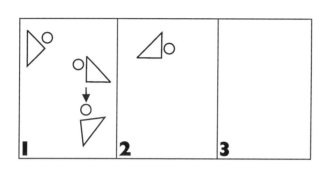

Material
- ein Ball pro Kind

Baustein 6: Völkerball

Zwei Gruppen stehen sich in abgegrenzten Feldern gegenüber. Jedes Team bestimmt seine Grenzwächter (Anzahl je nach Bedarf), die sich um das gegnerische Feld verteilen. Nun versuchen die Gruppen, sich gegenseitig mit dem Ball abzuwerfen. Wer getroffen wird, geht hinter die Grenzlinien und hilft seinen Grenzwächtern. Kommen die Grenzwächter in den Besitz des Balls, haben sie folgende Möglichkeiten: entweder ein Kind aus dem gegnerischen Team abzuwerfen oder den Ball einem Mitspieler seines Feldteams zuzupassen. (s. „Krankenhausball" S. 52)

Varianten:
- Kästen als Wurfschutz aufstellen, hinter denen sich die Kinder ducken können.
- Pro Feld eine Matte als Schutz- und Ruhezone, auf der nicht abgeworfen werden darf. Immer nur ein Kind kann sich hier aufhalten.
- „Abgeworfene" Kinder durchlaufen einen Parcours und spielen wieder mit.

Material
- ein Spielball
- (Geräte je nach Variante)

Baustein 6: Jägerball

Jeder spielt gegen jeden. Ein bis drei Bälle sind im Umlauf. Jedes Kind versucht, die anderen abzuwerfen. Wer den Ball fängt, ist nicht abgetroffen und darf weitermachen. Ein Kind, das abgeworfen wird, setzt sich auf den Boden. Es darf erst wieder mitspielen, wenn sein Jäger auch getroffen wurde. Bei Bedarf kann die Anzahl der Bälle auch erhöht werden.

Material
- ein bis drei Spielbälle (Softbälle)

Baustein 6: Mattenzonenball

Zwei Gruppen spielen mit einem Ball gegeneinander in einem Spielfeld, das von zwei Mattenzonen begrenzt ist. Der Ball muss auf einer der gegnerischen Matten abgelegt werden. Bei vier Kindern im Team werden fünf Matten, bei fünf Kindern sechs Matten, ... ausgelegt. So ist immer mindestens eine Matte „frei", d.h. ungeschützt. (s. auch „Reifenballspiel" S. 52)

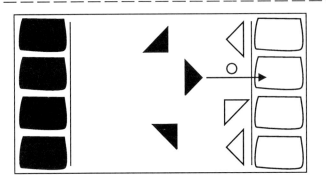

Material
- ein Spielball
- Turnmatten (eine mehr als Kinder in einem Team)

Baustein 6: Drei-Felder-Fangen

In einem dreigeteilten Feld bewegt sich je eine Gruppe. Die vierte Gruppe (= Fänger) befindet sich außerhalb. Nacheinander laufen die Kinder der Fängergruppe durch die drei Felder und versuchen, ein Kind pro Feld abzuschlagen. Gelingt dies, kommt der nächste Fänger an die Reihe. Zwei Varianten sind möglich. • Spiel auf Zeit: Der Fänger darf sich nur für eine bestimmte Zeit in einem Feld aufhalten. • Ein Limit setzen: Der Fänger darf sich so lange in einem Feld aufhalten, bis er eins, zwei, drei, ... Kinder abgeschlagen hat.

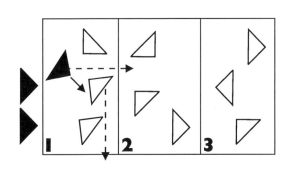

Material
- Volleyballfeld

Baustein 6: Fänger und Läufer

Zwei Gruppen spielen gegeneinander. Eine Gruppe begibt sich in Gassenaufstellung (s.u.) und muss eine bestimmte Anzahl von Bällen nacheinander von Kind zu Kind passen. Die Kinder der anderen Gruppe umlaufen (ohne Ball) oder umprellen die Werfergruppe einzeln. Anschließend werden die Aufgaben getauscht. Welche Gruppe erzielt die meisten Umläufe?

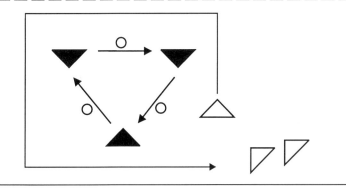

Material
- mehrere Spielbälle

Baustein 6: Parteiball

In einem begrenzten Feld bewegen sich drei Angreifer und zwei Abwehrspieler. Die Angreifer versuchen, sich gegen die Abwehrspieler den Ball zuzuspielen. Nach einer bestimmten Zeit (Anzahl der Pässe laut zählen!) erfolgt Rollentausch. Entweder übernimmt ein Spieler hier zweimal die gleiche Aufgabe, oder die Kinder tauschen komplett mit neuen Teams. Welcher Gruppe gelingen die meisten Pässe?

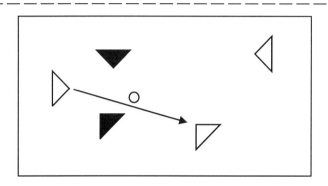

Material
- ein Ball pro Gruppe

Baustein 6: Bälle aus dem Eck

Ein bis zwei Kinder werfen aus den mit Bänken abgegrenzten Ecken Bälle in das Spielfeld. Alle anderen müssen die Bälle einsammeln und wieder in die Ecken legen, sodass diese nicht leer werden. (Transportarten vorgeben: rollen, tragen, prellen, ...)

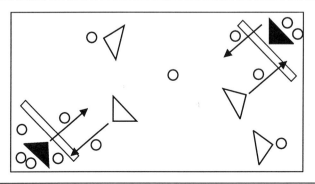

Material
- zwei Bänke
- viele Bälle

Zielspiel 7: **Reboundball**

: Pelota
: Treffball
: Kapitänsball
: Tschoukball

: Haltet das Feld frei
: Handballpyramide
: Kreiszuspiel
: Passen in der Bewegung

Spielgedanken	Voraussetzungen	Material
Zwei Teams spielen im Basketballfeld gegeneinander. Ein Punkt ist erzielt, wenn der Ball auf das gegnerische Basketballbrett geworfen und der zurückspringende Ball von einem Mitspieler gefangen wird. Bei Anfängern darf der Ball dabei einmal aufspringen.	• Prellen • Schlagwurf • Fangen • Passen • Dribbeln • Freilaufen • Fintieren	• ein Spielball • Basketballfeld/-bretter (Ersatzweise kann auch gegen die Wände gespielt werden.)

Baustein 7: Pelota

Zwei Teams spielen in zwei nebeneinander liegenden Feldern. Jede Mannschaft verteilt sich in ihrem Feld. Ein Punkt wird erzielt, wenn der gegen die Wand geworfene Ball im gegnerischen Feld auf den Boden fällt. Damit der Ball nicht zu flach in die Felder springt, werden Matten an die Wand gestellt. Der Ball muss über diese Matten gegen die Wand geworfen werden. Die Spieler der gegnerischen Mannschaft versuchen, den Ball zu fangen, und spielen dann weiter.

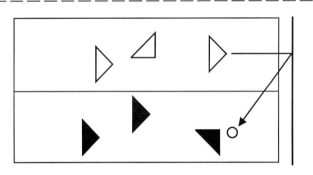

Material
- ein Spielball
- vier Matten

Baustein 7: Treffball

Zwei gleich große Teams: Angreifer und Abwehrspieler. Gespielt wird gegen eine Wand. Die abwehrende Mannschaft steht hinter einem Streifen mit dem Rücken zur Wand. Die Angreifer versuchen, durch schnelles Passen den Ball gegen die Wand zu werfen. Wurfhöhe begrenzen!

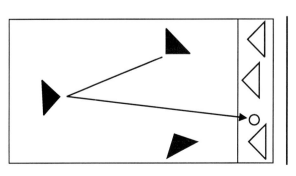

Material
- ein Spielball

Baustein 7: Kapitänsball

Zwei Teams spielen in einem Basketballfeld gegeneinander. Unter dem gegnerischen Basketballkorb steht auf einem zwei- bis dreiteiligen Kasten jeweils der eigene „Kapitän", dem der Ball zugeworfen wird. Er versucht, den Ball in den Korb zu werfen.

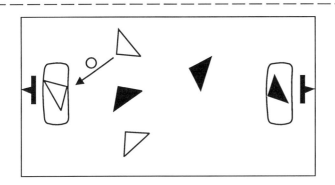

Material
- zwei Kästen (zwei bis drei Teile)
- ein Spielball
- Basketballfeld

Baustein 7: Tschoukball

Zwei Teams spielen gegeneinander. Der Ball wird gegen ein bis zwei schräg gestellte Sprungbretter geworfen und muss von einem Mitspieler angenommen werden. Der gelungene Wurf zählt einen Punkt. Der Torraum wird durch Matten oder Linien gebildet.

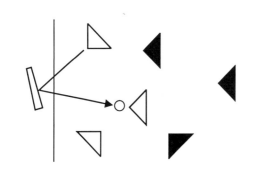

Material
- ein bis zwei Sprungbretter
- (mehrere Matten)
- ein Spielball
- (evtl. spezielle Tschoukballrahmen)

Baustein 7: Haltet das Feld frei

Das Spielfeld wird durch Bänke in der Mitte abgeteilt. In jeder Hälfte befindet sich ein Team. Alle werfen die Bälle ins gegnerische Feld. Kommen Bälle vom gegnerischen Team angeflogen, müssen diese ebenfalls wieder zurückbefördert werden. Auf ein Zeichen wird gestoppt und gezählt, in welchem Feld sich die wenigsten Bälle befinden.

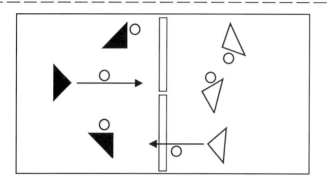

Material
- zwei bis drei Bänke
- ein Ball pro Kind

Baustein 7: Handballpyramide

Wurfübungen (allein, mit Partner) auf die zurückfedernde Pyramide (s. S. 124).

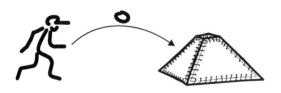

Material
- ein bis zwei Pyramiden
- Spielbälle

Baustein 7: Kreiszuspiel

Die Kinder stellen sich an den Linien eines Kreises auf. Ein bis zwei Bälle „wandern" im Kreis. Auch als Wettspiel mit zwei Teams geeignet. Welche Gruppenbälle wandern schneller im Kreis herum, natürlich ohne dabei auf den Boden zu fallen?

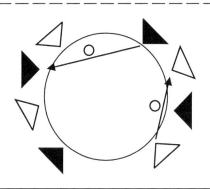

Material
- ein bis zwei Bälle
- ein Kreis

Baustein 7: Passen in der Bewegung

Je zwei Kinder passen sich den Ball in der Bewegung zu. Zwei bis drei Kinder ohne Ball versuchen gleichzeitig, die Ballspieler zu berühren. Wird ein Kind berührt, muss es die Wurfhand wechseln, bis es erneut berührt wird.

Material
- ein Ball pro Paar

Zielspiel 8: **Kastenball**

: Bälle von den Kästen
: „Schrumpfende" Kästen
: Ball unter der Schnur
: Keulenburgball

: Jahrmarktschießen
: „Schräge Leine"
: Mattentreffball
: Mannschaftsjägerball

Spielgedanken	Voraussetzungen	Material
Zwei Gruppen spielen in einem begrenzten Feld gegeneinander. Gespielt wird nach den „4+1"-Regeln (Kapitel 7). Als Tore dienen drei in Hufeisenform aufgestellte Kastenteile, die mit Sprungseilen fixiert sind. Ein Punkt wird erzielt, indem der Ball durch eines der 3 Kastenteile gespielt wird.	• Prellen • Schlagwurf • Fangen • Passen • Dribbeln • Freilaufen, Abdecken • Fintieren	• ein Spielball • sechs Kastenteile • Seile

Baustein 8: Bälle von den Kästen

Zwei Teams — die einen Angreifer, die anderen Verteidiger — spielen gegeneinander. Auf mehreren Kästen liegen Bälle. Die angreifende Mannschaft versucht, die Bälle herunterzuwerfen, während die Verteidiger die Bälle wieder hinauflegen. Nach einer bestimmten Zeit wird abgestoppt und gezählt. Gespielt wird ohne Ball.

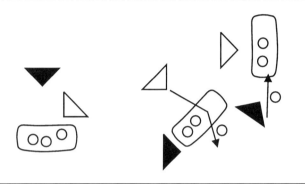

Material
- drei bis vier Kästen
- mehrere Bälle oder Gegenstände
- ein Spielball

Baustein 8: „Schrumpfende Kästen"

Zwei Teams spielen in einem begrenzten Spielfeld gegeneinander. Sie versuchen jeweils, die Kästen in der gegnerischen Zone zu treffen. Nach jedem Treffer wird ein Kastenteil herausgenommen. Gesiegt hat das Team, das zuerst alle Teile „herausgeschossen" hat.

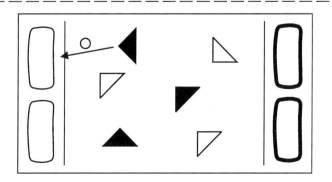

Material
- vier Kästen
- ein Spielball

Baustein 8: Ball unter der Schnur

Zwei Teams spielen gegeneinander, getrennt durch eine 1 Meter hoch gespannte Leine. Jeweils ein Mitspieler befindet sich im Feld des gegnerischen Teams. Die Kinder versuchen möglichst oft, ihren Mitspieler hinter der Leine mit einem Bodenpass anzuspielen.

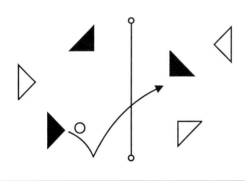

Material
- ein Spielball
- Leinen/Schnüre
- Ständer zum Spannen der Leinen

Baustein 8: Keulenburgball

Gespielt wird wie „Reifenballspiel" (s. S. 52), jedoch werden in den jeweils gegnerischen Zonen Keulen aufgestellt, die umgeworfen werden müssen.

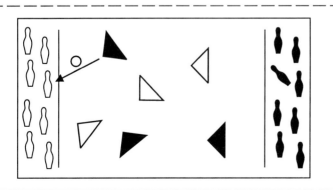

Material
- ca. 20 Keulen
- ein Spielball

Baustein 8: Jahrmarktschießen

Verschiedenartige Ziele (Kegel, Dosen, ...) sollen aus unterschiedlichen Entfernungen mit Bällen (Tennis-, Hand-, Fußbälle, ...) getroffen werden. Jeder abgetroffene Gegenstand wird mit einem Punkt gewertet.

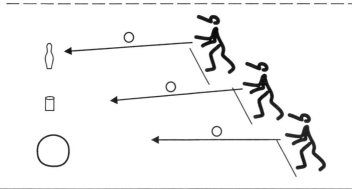

Material
- verschiedene Bälle
- unterschiedliche Ziele

Baustein 8: „Schräge Leine"

Zwei Kinder stehen jeweils links und rechts von einer schräg gespannten Leine. Sie passen sich den Ball in der Bewegung gegenseitig über die/unter der Leine zu.

Material
- zwei Ständer
- eine Leine/Schnur
- Spielbälle

Baustein 8: Mattentreffball

Gespielt wird entweder 2:1 oder 3:2 (Angreifer: Abwehrspieler) nach den Regeln „4+1 spielen Handball" (Kapitel 7) auf ein Mattentor.

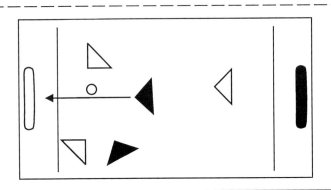

Material
- ein bis zwei Matten
- ein Spielball

Baustein 8: Mannschaftsjägerball

Ein Team (= Hasen) bewegt sich prellend im Feld. Das andere Team (= Jäger) stellt sich außerhalb auf. Der Reihe nach versucht jedes Kind aus dem Jägerteam, einen „Hasen" abzuwerfen. Danach wird der Ball an das nächste Kind übergeben. Gespielt wird auf Zeit. Die Kinder des Jägerteams prellen ebenfalls, sobald sie den Ball bekommen.

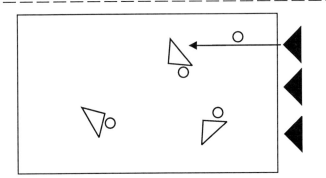

Material
- ein Ball pro Hase
- ein Ball für die Jägergruppe

Baustein:

Material

81

Baustein:

Material

81

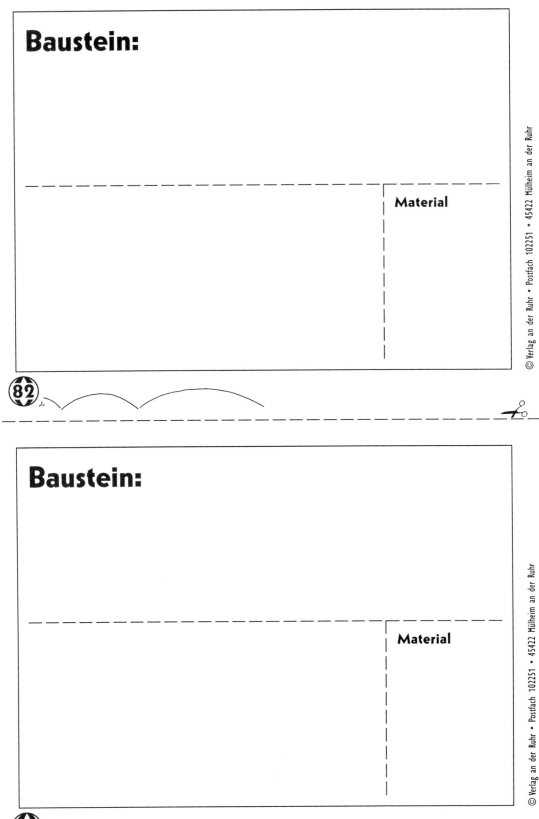

5. Ein Stundenplan

Woche:	Datum:	Ort • Zeit • Zielgruppe: Sporthalle/1 Hälfte (1 Drittel) • ca. 90 Minuten • 25 Kinder

Ziele • Schwerpunkte:
- Verbesserung der technischen Fertigkeiten Passen und Fangen
- Erlernen einfacher taktischer Spielhandlungen, Manndeckung, Grundregeln im Spiel 1:1

Voraussetzungen:
- Passen und Fangen im Stand/in Bewegung
- Prellen
- Freiprellen im Spiel 1:1

Material:
- 10 Turnmatten
- 20 Handbälle
- Parteibänder/Überzieher
- 1 Skatblatt (Kartenspiel)

Zeit:	Inhalte:
10 min.	1. Freies Spiel
15 min.	2. Aufwärmphase - freies Spiel - Müllmänner (Fangspiel) - Paarfangen - Mattenpaarfangen
20 min.	3. Spielerisch üben: - Gruppen bilden - Schattenlaufen (paarweise/Vierergruppe) - Passen in der Bewegung (paarweise) - Fließband (Vierergruppe)
10 min.	4. Trinkpause
25 min.	5. Spielteil: - Mattenball (4:4) Mattenzonenball - 4:4 (Turnierform)
10 min.	6. Ausklang: - Rettungsinsel

Spielregeln auf den Seiten 84—85.

Rückblick:
Überlegungen zum Verlauf der Spielstunde, Ausblick/Schwerpunkte für nächste Einheit, Auffälligkeiten bei einzelnen Kindern, usw.

Freies Spiel

Zu Beginn der Spielstunde (und bis alle umgekleidet sind), darf sich jedes Kind in der Halle frei bewegen – mit oder ohne Ball. In dieser Phase kann der erste Bewegungsdrang ausgelebt werden und die Kinder können ihre Fertigkeiten selbstbestimmt weiter entwickeln.

Aufwärmphase

Das Spielfeld

Fangspiel „Müllmänner"

Mehrere Matten werden als Hindernisse kreuz und quer in der Halle verteilt. Drei bis vier Matten dienen als „Müllhalde". Zwei Müllmänner fassen sich an den Händen und fangen die Mülltonnen. Wer berührt wird, muss von den Müllmännern auf die Müllhalde getragen werden. Dort wartet das Kind auf die nächste Tonne. Beide bilden ein neues Fangpaar (s. a. S. 32).

„Paarfangen"

Zuerst werden Paare gebildet. Die Kinder legen selbst fest, wer als Fänger beginnt. Der Partner bekommt vor dem Fänger einen kleinen Vorsprung. Wird er berührt, wechseln die Rollen.

„Mattenpaarfangen"

Das Spiel funktioniert wie „Paarfangen". Jedoch wird nur um jeweils eine Turnmatte herumgespielt. Hier kann vor allem die Beinarbeit für das Abwehrverhalten geschult werden (s. a. S. 55).

Spielerisch üben

„Gruppen bilden"

Zuerst werden die Asse, Könige, Damen, Buben und Zehner aus dem Kartenspiel herausgesucht und gemischt. Die Karten werden verdeckt auf eine Matte gelegt. Innerhalb einer bestimmten Zeit dürfen die Kinder Karten aufnehmen, damit durch die Halle laufen, sie mit anderen tauschen oder wieder ablegen, ohne jedoch die Abbildung anzuschauen. Nach Ablauf der Zeit (z. B. nach einem Musikstück) muss jedes Kind eine Karte in der Hand haben. Jetzt werden die Karten „aufgedeckt". Jeweils die Asse, Könige, … gehören zusammen (s. a. Kap. 3, S. 13 ff.).

„Schattenlaufen"

Die Kinder laufen paarweise oder in der Kleingruppe hintereinander durch den Mattenparcours. Die Übung (das Kunststück), die/das das vordere Kind vormacht, wird von den anderen ebenfalls ausgeführt. Danach kommt der Nächste aus der Gruppe an die Reihe.

„Passen"

Paarweise wird der Ball zwischen den Matten hin- und hergepasst.

„Fließband"

Funktioniert wie „Passen"; jedoch fangen und werfen die Kinder den Ball von einer Matte aus. Nach jedem Pass sucht sich das Kind eine andere Matte. (evt. Bewegungsarten wie Hüpfen, Springen, ... vorgeben)

„Mattenzonenball"

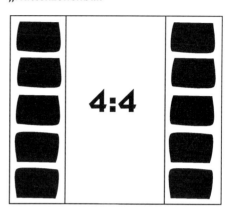

Das Spielfeld

Der Ball muss auf einer der gegnerischen Matten abgelegt werden. Bei vier Kindern werden fünf Matten, bei fünf Kindern sechs Matten, ... ausgelegt. So ist immer eine Matte „frei" (s. a. S. 68).

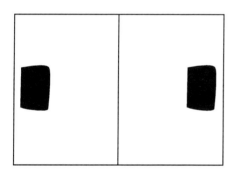

Das Spielfeld

Spielteil

„Mattenball"

Zwei Mannschaften spielen gegeneinander und versuchen, den Ball auf der gegnerischen Weichbodenmatte abzulegen. Die verteidigende Mannschaft darf die eigene Matte nicht betreten. Beim angreifenden Team darf nur das ballführende Kind die Matte betreten (S. 41).

Ausklang

„Rettungsinsel"

Zwei Matten dienen als Rettungsinsel. Zwei bis drei Seeräuber versuchen, die anderen abzuschlagen. Wer berührt wird, legt sich mit dem Rücken auf den Boden. Er kann befreit werden, wenn andere ihn auf die Rettungsinsel transportieren. Wer jemanden rettet, darf solange von den Seeräubern nicht abgeschlagen werden, bis er die Rettungsinsel wieder verlassen hat. Gerettete Kinder können ebenfalls wieder gefangen werden.

Stundenplan (Blankovorlage)

Woche:	Datum:	Ort • Zeit • Zielgruppe:

Ziele • Schwerpunkte:	Voraussetzungen:

Material:

Zeit: **Inhalte:**

Rückblick:

86

6. Spiel- und Sportfest
in Grundschule und Kindergarten

Der Schulsport umfasst mehr als nur Sportunterricht. Er bildet zwar ein wesentliches Element im Schuljahreskreis; zu Bewegung, Spiel und Sport gehören jedoch auch: entsprechende Arbeitsgemeinschaften, Pausensport, Schulsporttage, Spiel- und Sportfeste, Projekte, Wettbewerbe innerhalb und außerhalb der Schule.

Im Kindergarten gibt es während des Jahresablaufes ebenfalls vielfältige Feste und Aktivitäten. Gerade bei Sommerfesten bietet es sich an, Spiel und Sport einmal in den Mittelpunkt zu stellen. Klein und Groß, Jung und Alt können bei dieser Gelegenheit gemeinsam ihr Geschick und ihre Kräfte messen — und jede Menge Spaß dabei haben. Ähnlich wie Sporttage in Grundschulen könnte auch ein Kindergartenspieltag organisiert werden. Je nach Alter werden für die einzelnen Gruppen verschiedene sportlich-spielerische Angebote zusammengestellt. Sind diese ersten „sportlichen" Erfahrungen positiv, kann dies die Kinder auch zum Sporttreiben außerhalb von Kindergarten und Schule anregen.

Spiel- und Sportfeste ermöglichen den Vergleich mit anderen Kindern, beinhalten ein alternatives Angebot zum Miteinanderspielen, fördern die Spielfreude und das Spielerlebnis. Vor allem durch das Einbeziehen mannigfaltiger Sportgeräte, kooperativer Spiele und lustiger Wettkampfformen stehen solche „Highlights" in der Beliebtheitsskala der Kinder ganz oben und sind pädagogisch „besonders wertvoll".

Im Rahmen des fächerverbindenden und abgestimmten Unterrichts können die Kinder in der Schule gemeinsam planen, ihr Fest unter ein Thema stellen, Spielangebote entwerfen, Urkunden und Laufkarten herstellen und kleine Preise basteln.
Im Kindergarten werden sicherlich bereitwillig Eltern bei der Planung mitwirken. Ortsansässige Vereine sind in der Regel ebenfalls dankbare Ansprechpartner. Durch die Mithilfe und Beteiligung aller wird Kindergarten und Schule so zum echten Erlebnisraum.

Zur Einstimmung, aber auch zum Ausklang von Spielfesten bieten sich Fallschirm-, Tuch- und Luftballonspiele an. Diese fördern das Gemeinschaftsgefühl, verbessern koordinative Fähigkeiten und beteiligen alle Teilnehmer und Besucher in spielerischer Form am Gelingen solcher Veranstaltungen.

Tipps und Fragen aus der Praxis

Bei der gemeinsamen Planung ergeben sich in der Regel folgende Fragen:

- Welcher zeitliche Rahmen steht zur Verfügung?
- Wie sind die räumlichen Gegebenheiten?
- In welchem Alter sind die Teilnehmer?
- Wieviel Teilnehmer kommen?
- Welche Geräte stehen zur Verfügung?
- Welche Spiele werden angeboten?
- Wieviel Spielangebote gibt es?
- Wie werden die Spielideen realisiert?
- Wie werden die Teams gebildet?
- Wie werden die einzelnen Stationen betreut?
- Wie erfolgt der Stationswechsel?
- Wie wird das Spielen mit Hand und Ball organisiert?
- Wie lassen sich Einladungen, Plakate, Urkunden, … gestalten?
- Wer hilft mit?
- Wer sorgt für Getränke und Verpflegung?
- Wer nimmt Kontakt mit Sponsoren auf?
- Wer setzt sich mit der Presse in Verbindung?
- …

🖊 Die hier abgedruckten Spielfestformen — gestaffelt nach dem Prinzip „vom Kleinen zum Großen" — sind als Vorschläge gedacht, die je nach Situation vor Ort angepasst werden müssen.

🖊 Beiliegende Planungshilfen, Spielpläne, Vorschläge für Spielstationen, Hallenpläne und Urkunden erleichtern die Vorbereitung und Durchführung von Festen und tragen zum Gelingen bei.

🖊 Je nach Leistungsstand werden Spiele mit „Hand und Ball" unter vereinfachten Regeln in kindgerechter Form angeboten. Zur Auswahl stehen das Handballspiel 4+1 (S. 121–123), acht Zielspiele (S. 41–80) und zwanzig Spielstationen (S. 99–118). Die Veranstaltungen (hier Vorschläge für drei, sechs oder neun Mannschaften) werden als „Spielfeste" mit jeweils drei Phasen (Begrüßungs- und Aufwärmphase, Turnierphase, Abschluss) durchgeführt.

🖊 Ein spezielles Angebot für Kindergartenkinder ist ebenfalls vorhanden. Hier stehen weniger die Mannschaftsspiele, sondern vor allem die Spielstationen im Mittelpunkt, denn in diesem Altersbereich sollten besonders die koordinativen Fähigkeiten spielerisch entwickelt werden.

Eine Auswahl von vier bis sechs Spielstationen hat sich in der Praxis bewährt. Ideen für Spielstationen finden Sie auf den Seiten 99–118. Abänderungen und Ergänzungen je nach Alter und Fertigkeiten der Kinder sind natürlich möglich und erwünscht! Die Stationen können sowohl für den Mannschafts- als auch für den Einzelwettbewerb eingesetzt werden. Kopieren Sie die Anleitungen auf farbiges Papier und hängen Sie die so entstandenen Schilder an den Stationen auf — als Orientierungshilfe für alle, die beim Spielfest mitmachen.

🖊 Laufkarte (S. 97):
Mannschaftskarte, die von Spiel zu Spiel und von Station zu Station mitgenommen wird, falls eine Tunierwertung erstellt werden soll.

Laufkarte (S. 98):
Teilnehmer- oder Familienkarte für jedes Kind, um persönliche Erfolge an Spielstationen einzutragen.

Vorbereitungen zum Spielfest

Was wird gebraucht?

Zeit:

zwei bis drei Stunden, je nach Anzahl der teilnehmenden Kinder/Gruppen und der eingeplanten Pausen

Halle:

große Sporthalle (zwei bis drei Hallendrittel), kleine Sporthalle, Sportgelände, Freiplatz im Kindergarten etc.

Material:

Kleingeräte für die Spielstationen, Tore für die Handballspiele, Material für die Spiel-/Bastelecke

Preise und Zubehör:

Laufkarten für jede Mannschaft, Urkunden und kleine Preise für alle Teilnehmer

Helfer:

Die Anzahl der benötigten Helfer richtet sich nach dem Teilnehmerfeld. Ideal wären ca. zehn Personen, z.B. Kinder, Eltern, Lehrer, Vereinsmitglieder, …

Aufbau und Phasen eines Spielfestes (Beispiele)

Phase	Inhalte und Angebote	Zeit
1	Begrüßung und gemeinsames Aufwärmen	ca. 15 min.
2	Spiele mit Hand und Ball (**Turnierphase**) 👟 Spiel 4+1 👟 Zielspiele 👟 Spielstationen	ca. 60–90 min.
3	Spielerischer Abschluss mit Siegerehrung	ca. 15 min.

Die Turnierphase

3 Mannschaften: 👉 Die Mannschaften spielen jeweils gegeneinander (4+1 und ein Zielspiel).

Die Spielstationen 👉 Sie werden als Parcours aufgebaut.
👉 Die Wertung der Stationen erfolgt als Mannschaftswettbewerb auf Zeit.

Teams 👉 Jedes Team sollte acht bis zwölf Spieler umfassen.

ein Schiedsgericht   *ein Schiedsrichter*   *ein Betreuer pro Station*

---

6 Mannschaften: 👉 Je drei Mannschaften spielen in zwei Gruppen gegeneinander (4+1 und ein Zielspiel).

Die Spielstationen 👉 Sie werden nach vorgegebenem Plan absolviert.
👉 Die Wertung der Stationen erfolgt als Mannschaftswettbewerb auf Zeit.

Teams 👉 Jedes Team sollte acht bis zwölf Spieler umfassen.

ein Schiedsgericht   *zwei bis drei Schiedsrichter*   *ein Betreuer pro Station*

9 Mannschaften: Jeweils drei Mannschaften spielen in drei Gruppen gegeneinander.

Die Spielstationen   Die spielfreien Teams durchlaufen die Spielstationen nach vorgegebenem Plan.

Teams   Jedes Team sollte acht bis zwölf Spieler umfassen.

ein Schiedsgericht   *drei bis vier Schiedsrichter*   *sechs bis sieben Stationsbetreuer*

Kindergarten   Jedes Kind absolviert die einzelnen Stationen.

Die Spielstationen
- Sie werden nach vorgegebenem Plan absolviert.
- Die Wertung der Stationen erfolgt als Einzelwettbewerb.
- Alternativ können die Spielstationen als Familienwettbewerb (Mutter, Vater und Kinder) angeboten werden.

pro Spielstation ein Betreuer   *mehrere Helfer*

Spielfest für drei Mannschaften

Zeitplan: 🕐 *Vorbereitung • Aufbau der Spielfelder/Stationen • Umziehen*
⏱ *15 min.* Spielerisches Aufwärmen mit eventueller Mannschaftsbildung • Teams geben sich Namen: (z.B. Tiger - Pferde - Affen) ⏱ *30 min.* Turnier mit einem Zielspiel ⏱ *15 min.* vier bis sechs Spielstationen ⏱ *30 min.* Handballturnier ⏱ *10 min.* Spielerischer Abschluss ⏱ *05 min.* Teilnehmerehrung
🕐 *Abbau/Aufräumen • Umziehen*

Spielstationen:
- Vorschläge für koordinative Spielstationen s. S. 99–118
- An zusätzlichen Stationen (Spiel-/Bastelecke) könnte gebastelt, gemalt, geraten, … werden.

Phase 1:
- spielerisch-koordinatives Aufwärmen (mit Musik)

Phase 2:
- Zielspiel (je Spiel 10 min.)

  Tiger – Affen
  Pferde – Affen
  Tiger – Pferde

- kurze Pause – Aufbau der Stationen

- Spielstationen (Parcours)

- kurze Pause – Abbau der Stationen

- Handballspiel (je Spiel 10 min.)

  Tiger – Affen
  Pferde – Affen
  Tiger – Pferde

Phase 3:
- spielerischer Abschluss

  👟 Fallschirm-/Schwungtuch-/Luftballonspiele
  👟 Teilnehmerehrung

Spielfest für sechs Mannschaften

Zeitplan: ⏱ *Vorbereitung • Aufbau der Spielfelder/Stationen • Umziehen* ⏱ **15 min.** spielerisches Aufwärmen ⏱ **10 min.** Einteilen an Spielfelder/Stationen ⏱ **90 min.** Feld 1: 4+1-Handball-Turnier • Feld 2: Zielspiel-Turnier • Feld 3: Stationsbetrieb ⏱ **10 min.** spielerischer Abschluss ⏱ **5 min.** Teilnehmerehrung ⏱ *Abbau/Aufräumen • Umziehen*

Spielstationen:

- Vorschläge für koordinative Spielstationen s. S. 99–118
- An zusätzlichen Stationen (Spiel-/Bastelecke) könnte gebastelt, gemalt, geraten, … werden.

Phase 1:	spielerisch-koordinatives Aufwärmen (mit Musik)
Phase 2:	Handball (Feld 1) Zielspiel (Feld 2) Stationen (Feld 3)
Phase 3:	spielerischer Abschluss
	👟 Fallschirm-/Schwungtuch-/Luftballonspiele
	👟 Ehrung aller Teilnehmer

Phase 2	Spielplan	Gruppe I: A–B–C Gruppe II: D–E–F
Halle/Feld 1	*Halle/Feld 2*	*Halle/Feld 3*
4+1 (Spiel: 8 min./Pause: 2 min.)	Zielspiel (8 min./2 min.)	4–6 Spielstationen
A – B 🔔 B – C 🔔 A – C	D – E 🔔 E – F 🔔 D – F	frei
frei	A – B 🔔 B – C 🔔 A – C	D – E – F
D – E 🔔 E – F 🔔 D – F	frei	A – B – C

✏ *Anstelle der Buchstaben für die Mannschaften können Tiernamen etc. verwendet werden.*

Spielfest für neun Mannschaften

Zeitplan: 🌐 *Vorbereitung • Aufbau der Spielfelder/Stationen • Umziehen*
⏱ *15 min.* spielerisches Aufwärmen ⏱ *10 min.* Einteilen an Spielfelder/Stationen ⏱ *90 min.* Feld 1: 4+1-Handball-Turnier • Feld 2: Zielspiel-Turnier • Feld 3: Stationsbetrieb ⏱ *10 min.* spielerischer Abschluss ⏱ *5 min.* Teilnehmerehrung 🌐 *Abbau/Aufräumen • Umziehen*

Spielstationen:

- Vorschläge für koordinative Spielstationen s. S. 99–118
- An zusätzlichen Stationen (Spiel-/Bastelecke) könnte gebastelt, gemalt, geraten, … werden.

Phase 1: spielerisch-koordinatives Aufwärmen (mit Musik)

Phase 2: Handball (Feld 1)   Zielspiel (Feld 2)   Stationen (Feld 3)

Phase 3: spielerischer Abschluss

👟 Fallschirm-/Schwungtuch-/Luftballonspiele
👟 Ehrung aller Teilnehmer

Phase 2	Spielplan	Gruppe I: A–B–C Gruppe II: D–E–F Gruppe III: G–H–I
Halle/Feld 1	*Halle/Feld 2*	*Halle/Feld 3*
4+1 (Spiel:8 min./Pause:2 min.)	Zielspiel (8 min./2 min.)	4–6 Spielstationen
A–B 👟 B–C 👟 A–C	D–E 👟 E–F 👟 D–F	G–H–I
G–H 👟 H–I 👟 G–I	A–B 👟 B–C 👟 A–C	D–E–F
D–E 👟 E–F 👟 D–F	G–H 👟 H–I 👟 G–I	A–B–C

✏ *Anstelle der Buchstaben für die Mannschaften können Tiernamen etc. verwendet werden.*

Spielfest für Kindergärten

Zeitplan:

 20 min. Bereitlegen/Aufbau der Geräte *15 min.* spielerisches Aufwärmen mit Musik *60 min.* Spielstationen-Parcours *15 min.* spielerischer Abschluss *10 min.* Teilnehmerehrung *10 min.* Abbau/Aufräumen

Spielstationen:

- Vorschläge für koordinative Spielstationen s. S. 99–118
- Zusätzliche Stationen (Spiel-/Bastelecke) werden aufgebaut.

Phase 1:
- spielerisch-koordinatives Aufwärmen (mit Musik)

Phase 2:
- Spielstationen (Parcours)
- parallel Spiel-/Bastelecke
  Beispiele: Schminken, Malen, Basteln, Jonglieren, Verkleiden, Geräteparcours, Ratespiele, Spielmobil, Hüpfburg-/matratze etc.
- Mannschaftsspiele mit Hand und Ball für die Größeren

Phase 3:
- spielerischer Abschluss
  - Fallschirm-/Schwungtuch-/Luftballonspiele
  - Teilnehmerehrung
  - gemütliches Beisammensein

Laufkarte

Mannschaft: ☐ _____ ☐ _____ ☐ _____
(Namen eintragen!)

Wertung:		**Spielstationen:**
4+1-Handball bzw. Zielspiel:		🌐 Summe der Mannschaftspunkte
🌐 Sieg	20 Punkte	
🌐 Remis	10 Punkte	
🌐 Niederlage	05 Punkte	

Spielfestort: _____

Kindergarten/Schule: _____

4+1-Handballspiel (Paarungen)   **Ergebnis**   **Punkte**
_____   _____   _____
_____   _____   _____
_____   _____   _____

Zielspiel (Paarungen)   **Ergebnis**   **Punkte**
_____   _____   _____
_____   _____   _____
_____   _____   _____

Spielstationen   **Punkte**
_____   _____
_____   _____
_____   _____
_____   _____
_____   _____
_____   _____

Punkte (gesamt) _____

Platz _____

Laufkarte

Bitte **Foto** einkleben
(Sofortbildkamera)

Name: _____

Spielfest-Ort: _____

Kindergarten/Schule: _____

Spielfest-Datum: _____

Spielstationen: Punkte/Zeit

_____ 1
_____ 2
_____ 3
_____ 4
_____ 5
_____ 6

98

© Verlag an der Ruhr • Postfach 102251 • 45422 Mülheim an der Ruhr

Spielstation:
Zielwerfen

Im Tor (an der Wand, auf einem Tisch …) befinden sich zwei bis vier Ziele.
Jedes Kind wirft aus fünf bis sieben Metern Entfernung auf die Ziele.
Die Kinder werfen abwechselnd. Wurfzeit insgesamt: vier Minuten.
Jeder Treffer zählt einen Punkt.

Hilfsmittel

- Gymnastikreifen, Kästen, …
- Torhüter
- Bälle
- eine Stoppuhr

Spielstation:
Rebound-Werfen

Im Abstand von ca. drei Metern wird auf eine Pyramidenseite geworfen.
Der zurückspringende Ball darf höchstens einmal den Boden berühren und muss vom nachfolgenden Kind gefangen werden.
In vier Minuten zählt jeder gefangene Ball einen Punkt.

Hilfsmittel

 eine Handballpyramide

 Bälle

 eine Stoppuhr

Spielstation:
Achterslalom-Dribbling

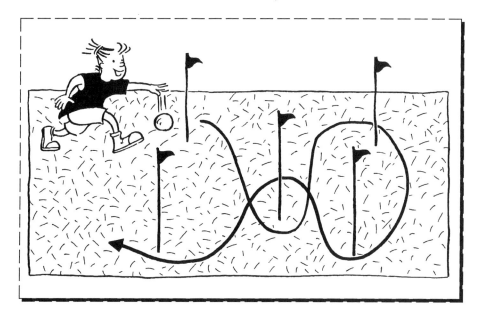

Die Kinder einer Mannschaft durchlaufen prellend nacheinander den vorgegebenen Parcours. Immer nur ein Kind darf unterwegs sein.
Gewertet wird in vier Minuten die Anzahl der Läufe je Mannschaft.
Jeder Rundlauf zählt einen Punkt.

Hilfsmittel

- eine Stoppuhr
- Bälle
- fünf Stangen oder Hütchen

Spielstation:
Jonglieren

Drei bis zehn Luftballons oder Tücher werden gleichzeitig in die Luft geworfen.
Das Kind versucht möglichst lange, die Gegenstände in der Luft zu halten.
Für je zehn Sekunden gibt es einen Punkt.
Fällt ein Gegenstand auf den Boden, kommt der Nächste aus der Gruppe an die Reihe.
Die Spielzeit ist vier Minuten.

Hilfsmittel

 zehn Luftballons

 eine Stoppuhr

 (ersatzweise drei bis fünf Seidentücher)

Spielstation:
Slalomprellen

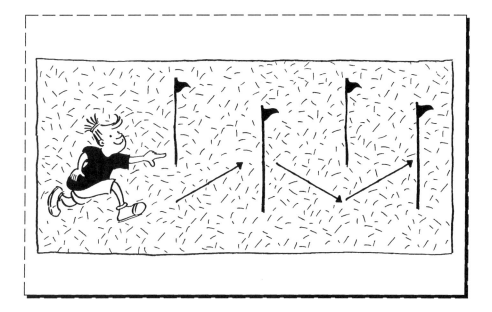

Auf einer Länge von zehn Metern soll um drei bis fünf Stangen herumgeprellt werden.
Danach bekommt das nächste Kind den Ball.
Die Spielzeit beträgt vier Minuten.
Jeder Lauf zählt einen Punkt.
Diese Übung wird als Pendelstaffel durchgeführt.

Hilfsmittel

- drei bis fünf Stangen oder Hütchen
- Bälle
- eine Stoppuhr

Spielstation:
Tigerball

Der „Tiger" versucht, den Ball, den sich die anderen Kinder zuspielen, abzufangen.
Gespielt werden kann 2:1 oder 3:1.
Nach festgelegter Zeit erfolgt Tigerwechsel.
Gewertet werden die Zuspiele beziehungsweise die abgefangenen Bälle.
Diese Spielstation eignet sich nicht für die Mannschaftswertung.

Hilfsmittel

 Bälle

 Leibchen oder Parteibänder

 eine Stoppuhr

Spielstation:
Zuspielen und Fangen

Zwei Gruppen stehen sich im Abstand von ca. zehn Metern gegenüber.
Die Kinder stehen in ihrer Gruppe jeweils hintereinander.
Die Gruppen passen sich nun einen Ball zu.
Der Ball darf je Pass einmal den Boden berühren.
Der jeweilige Fänger wirft den Ball zurück und stellt sich hinter seiner Gruppe auf.
Gezählt wird in vier Minuten die Zahl der Pässe.

Hilfsmittel

 Bälle

 eine Stoppuhr

Spielstation:
Ball hochwerfen

Ein Kind wirft einen Ball in die Luft, klatscht dreimal in die Hände und fängt ihn wieder auf.
Anschließend wird der Ball an das nächste Kind übergeben.
Pro gefangenen Ball erhält die Mannschaft in vier Minuten je einen Punkt.

Hilfsmittel

- Bälle
- eine Stoppuhr

Spielstation:
Balancieren mit Luftballons

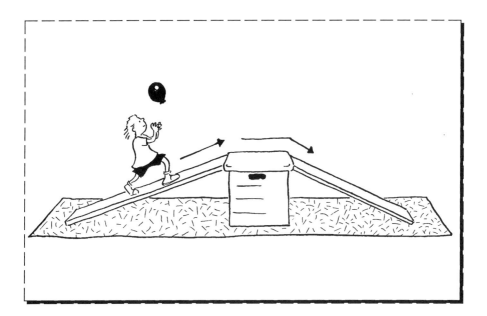

Die Kinder laufen über eine schiefe Ebene (in Kästen eingehängte Bänke) und balancieren dabei einen Luftballon. Immer nur ein Kind ist unterwegs.
Die „Brücke" soll überwunden werden, ohne dass der Ballon verloren geht.
Danach erfolgt die Übergabe an das nächste Kind.
In vier Minuten erhält das Team pro gelungenem Lauf einen Punkt.

Hilfsmittel

- zwei Bänke
- ein Kasten
- Luftballons
- eine Stoppuhr

Spielstation:
Prellen–Laufen–Werfen

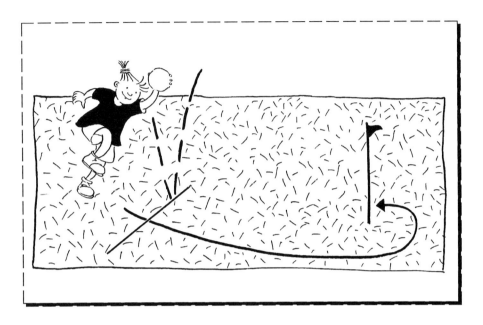

Ein Ball wird an einer Startlinie aufgeprellt.
Während der Ball in der Luft ist, muss eine Stange in ca. zwei Metern Abstand umlaufen werden. Schafft das Kind es, den Ball anschließend wieder zu fangen, bevor dieser den Boden berührt?
Anschließend bekommt das nächste Kind den Ball.
Gewertet wird in vier Minuten die Zahl der rechtzeitig aufgefangenen Bälle einer Mannschaft.
Pro gelungenem Versuch gibt es einen Punkt.

Hilfsmittel

- eine Stange oder Hütchen
- Bälle
- eine Stoppuhr

Spielstation:
Ball nachlaufen

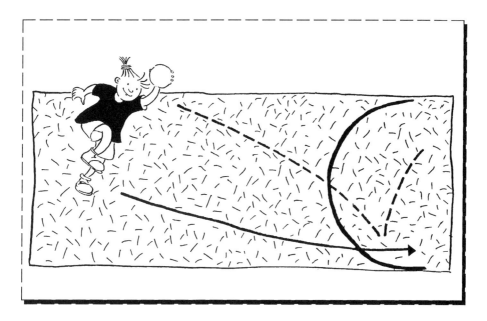

Ein Ball wird so geworfen, dass er in einem Zielfeld aufspringt.
Nach Abwurf läuft das Kind seinem Ball hinterher.
Der Ball soll vor einem zweiten Bodenkontakt wieder gefangen werden.
Anschließend erfolgt die Ballübergabe.
Pro gelungenem Versuch gibt es einen Punkt.

Hilfsmittel

 Bälle

 Zielfeld

 eine Stoppuhr

Spielstation:
Rhythmusfangen

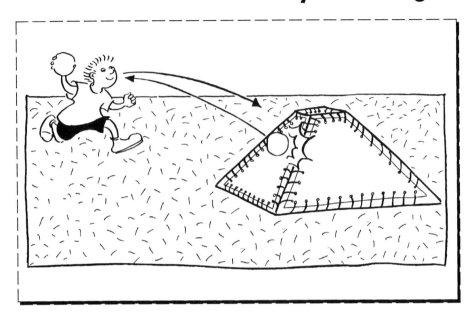

Auf eine Pyramidenseite werden zwei Bälle so gespielt, dass immer ein Ball geworfen, der andere mit beiden Händen gefangen wird.
Bei einem Fehlversuch kommt das nächste Kind an die Reihe.
In vier Minuten gibt es für jeden gefangenen Ball einen Punkt.
- Bei jüngeren Kindern wird nur mit einem Ball gespielt.

Hilfsmittel

 eine Handballpyramide

 zwei Bälle

 eine Stoppuhr

Spielstation:
Prellen mit zwei Bällen (1)

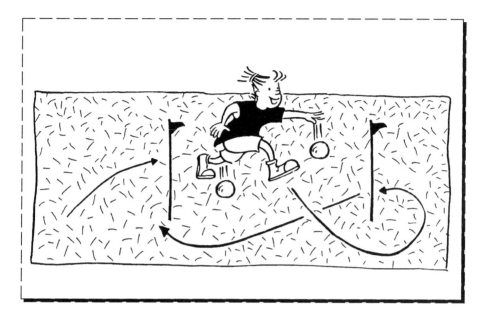

Das Kind prellt gleichzeitig zwei Bälle und läuft in einer Acht durch den Parcours (zwei Stangen im Abstand von drei Metern).
Danach erfolgt der Ballwechsel zum nächsten Kind.
In vier Minuten wird jeder gelungene Versuch mit einem Punkt gewertet.

Hilfsmittel

- eine Stoppuhr
- Bälle
- zwei Stangen oder Hütchen

Spielstation:
Prellen mit zwei Bällen (2)

Das Kind prellt am Ort mit zwei verschiedenen Bällen gleichzeitig.
Verliert es einen Ball, kommt das nächste Kind an die Reihe.
Je fünf Bodenkontakte entsprechen einem Punkt.
Die Spielzeit beträgt vier Minuten.

Hilfsmittel

- Hand-, Fuß-, Volleyball
- eine Stoppuhr

Spielstation:
Wandball

Aus einer Entfernung von zwei bis drei Metern wird indirekt (Bodenpass) gegen eine Wand geworfen.
Der zurückspringende Ball muss ohne Bodenberührung vom nachfolgenden Kind gefangen werden.
In vier Minuten gibt es je gefangenen Ball einen Punkt.

Hilfsmittel

 eine Stoppuhr

 Bälle

Spielstation:
Wandball mit Kreisel

Aus einer Entfernung von zwei bis drei Metern wird an die Wand geworfen.
Das Kind steht dabei auf einem Therapiekreisel.
Der zurückspringende Ball muss gefangen werden.
Bei einem Fehlversuch ist das nächste Kind an der Reihe.
Pro gelungenem Versuch gibt es in vier Minuten je einen Punkt.

Hilfsmittel

 ein Therapiekreisel

 Bälle

 eine Stoppuhr

Spielstation:
Hüpfstation

Mit einem Sprungseil ist eine bestimmte Strecke hüpfend zurückzulegen.
Die Durchführung erfolgt als Pendelstaffel.
Für jeden Durchgang in vier Minuten gibt es einen Punkt.

Hilfsmittel

- eine Sprungseil
- eine Stoppuhr
- zwei Stangen oder Hütchen

Spielstation:
Rollstation

Auf einer Mattenbahn soll das Kind durch Reifen jeweils eine Rolle vorwärts turnen.
Je nach Alter können auch Rollen rückwärts zusätzlich verlangt werden.
Es wird eine Pendelstaffel „gerollt".
In vier Minuten bekommt die Mannschaft pro gelungenem Durchgang einen Punkt.

Hilfsmittel

 vier Turnmatten

 drei Gymnastikreifen

 eine Stoppuhr

© Verlag an der Ruhr • Postfach 102251 • 45422 Mülheim an der Ruhr

Spielstation:
Tennisball werfen

Das Kind hält einen Kunststoffbecher (0,5 l) und einen Tennisball in der Hand vor einer Wand.
Im Abstand von drei bis fünf Metern wirft es den Tennisball gegen die Wand und fängt ihn mit dem Becher wieder auf.
Anschließend darf das nächste Kind werfen.
Je gefangenem Ball in vier Minuten erhalten die Kinder einen Punkt.

Hilfsmittel

- ein Tennisball
- ein Becher (0,5 l)
- eine Stoppuhr

Spielstation:
Schiefe Ebene

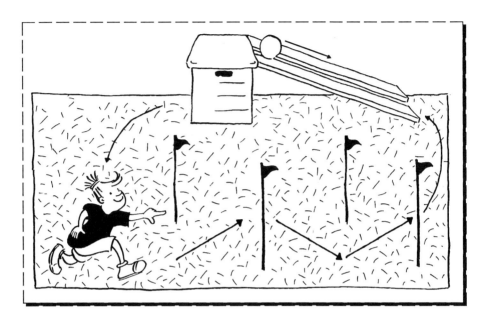

Das Kind lässt den Ball über die schiefe Ebene rollen, läuft durch den Slalomparcours und nimmt seinen Ball wieder auf.
Danach übergibt es den Ball dem nächsten Kind.
Pro Durchgang in vier Minuten bekommt die Mannschaft einen Punkt.

Hilfsmittel

- ein Kasten
- zwei Langbänke
- vier bis sechs Stangen/Hütchen
- ein Ball
- eine Stoppuhr

Spielstation:

Hilfsmittel

SPIELFEST URKUNDE

_____
Name

**Du hast beim Spielfest
„Spielen mit Hand und Ball"
ganz toll mitgemacht!!!**

Dein Spielfest-Team

7. „4+1" spielen Handball – eine kindgemäße Idee

Das Spielen in Kindergarten und Grundschule sollte so wenig wie möglich reglementiert werden. Den Kindern sollten immer Freiräume verbleiben, die es ermöglichen,

- Freude am Spiel zu wecken,
- gemeinsames Sporttreiben zu fördern,
- koedukativ zu spielen,
- miteinander und nicht gegeneinander zu agieren,
- Fairness zu lernen und zu üben.

Das vereinfachte Handballspiel „4+1" – entwickelt vom Deutschen Handball-Bund – lehnt sich zwar an die Regeln des Wettkampfspiels an, berücksichtigt jedoch altersbedingte Vereinfachungen. Diese liegen vor allem in veränderten Spielfeldmaßen, in der Reduzierung der Spielerzahl, in verkleinerten Toren und in der altersgemäßen Zielsetzung.

Der Fairnessgedanke wird groß geschrieben: Fouls sind unerwünscht, Kampf um jeden Preis und die Bevorzugung stärkerer Spieler werden zudem abgelehnt. Einsatz und gute Leistungen werden honoriert, wobei die Spielfreude über dem Erfolgsstreben und das Spielerlebnis vor dem Ergebnis stehen.

Spielidee

Mädchen und Jungen bis zu zehn Jahren spielen gemeinsam. Je Mannschaft werden vier Spieler und ein Torhüter eingesetzt. Es wird nach vereinfachten Regeln auf verkleinertem Spielfeld, mit niedrigeren Toren und einem kleineren und leichteren Ball gespielt.

Spielfeld

Das Spielfeld ist ca. 13 Meter breit und 20–25 Meter lang. Der Wurfkreis ist fünf Meter von der Mitte des Tores entfernt. In Hallen oder auf Plätzen ohne Spielfeldmarkierungen können die Wurfkreise mit Klebestreifen o. Ä. gekennzeichnet werden. Auch ein Basketballfeld ist durchaus geeignet.

Spielball

Kindgerechte Handbälle sollten einen Umfang von 48–52 Zentimetern nicht überschreiten. Anfangs empfiehlt sich ein Softball mit einer festen Haut (Elefantenhaut). Bunte Bälle haben einen hohen Aufforderungscharakter. Ersatzweise kann auch mit Gymnastikbällen gespielt werden.

Tor

Tore mit den Maßen 1,60 Meter hoch und drei Meter breit sind im Fachhandel erhältlich. Als Hilfsmittel zur Verkleinerung normaler Tore können stabile Latten, Kunststoffabhängungen o. Ä. verwendet werden.
Als Torersatz können abgeklebte Weichbodenmatten, Turnmatten, … dienen. Auch auf andere Ziele kann gespielt werden.

Spielerzahl

Gleichzeitig befinden sich vier Feldspieler und ein Torhüter je Mannschaft auf dem Spielfeld. Es gibt Auswechselspieler und jeder kann Torhüter sein.
Im Interesse des Spielerlebnisses spielen Jungen und Mädchen am besten in gemischten Mannschaften.

Spielregeln

Grundsätzlich sollten die Regeln gemeinsam erarbeitet und vereinbart werden. Eine zu starke Reglementierung ist zu vermeiden und pädagogisch nicht vertretbar. Eine offensive Deckungsweise (Manndeckung ohne übermäßigen Körpereinsatz) auf dem gesamten Spielfeld sollte gefördert werden. (Weitere Erklärungen befinden sich auf S. 125)

© Verlag an der Ruhr • Postfach 102251 • 45422 Mülheim an der Ruhr

Die Grundregeln

- Mit dem Ball in der Hand dürfen nur drei Schritte gemacht werden.
- Der Ball darf nur drei Sekunden gehalten werden.
- Der Ball darf nur einmal aufgetippt und wieder gefangen werden. Danach muss er abgespielt werden.
- Man darf beliebig oft mit einer Hand den Ball prellen.
- Nicht erlaubt sind das Stoßen, Reißen, Schlagen, Festhalten, Klammern und Halten des Gegners.
- Der Torraum darf nur vom Torhüter betreten werden.

Freiwurf gibt es, wenn ein gegnerischer Spieler

- einen Fehler beim Spielen des Balls macht,
- jemanden foult,
- den Torraum betritt.

Freiwurf (S. 125) gibt es nach einem Fehlspiel. Er wird dort ausgeführt, wo der Fehler begangen wurde.

Einwurf (S. 125) gibt es, wenn der Ball ins Aus geht. Beim Einwerfen (mit einer Hand) muss ein Fuß die Außenlinie berühren.

Spielleitung

Eine großzügige und flexible Regelauslegung (altersabhängig) durch die Spielleitung ist notwendig. Loben Sie bei gelungenen Aktionen und erklären Sie Fehler. Halten Sie zum Fairplay an und lehren Sie die Kinder, Entscheidungen zu akzeptieren. Seien Sie vor allem partnerschaftlich! So können Sie das gemeinsame Spielerlebnis und gleichzeitig das Regelverständnis am besten fördern. Unterbrechen Sie den Spielfluss nur, wenn es unbedingt notwendig ist. Leiten darf nicht „Anpfiff" sein!

8. Materialien und Fachbegriffe

Materialien

Speziell für Schulen hält der Deutsche Handball-Bund umfangreiche Materialien wie Broschüren, Schülerhefte, Plakate, Aufkleber, didaktisch-methodische Handreichungen, Fachliteratur, Videos, Spielfestutensilien, etc. bereit. Größtenteils sind die Materialien auch für Kindergärten verwendbar.

Deutscher Handball-Bund • *Strobelallee 56* • *44139 Dortmund*
Internet: http://www.dhb.de

Ein Tipp:
Die jeweiligen *Landesverbände* beraten und helfen bei der Durchführung von Spielfesten.

Sportartikel
(Handballpyramide, Therapiekreisel, Tschoukball-Rahmen, Tore, Fallschirme, ...

Sport-Thieme (Sportversand) • *38367 Grasleben*

Torabhängungen
Torabhängungen aus strapazierfähigem Kunststoff sind erhältlich über:
Badischer Handball-Verband • *Stephanienstr. 86* • *76133 Karlsruhe*

Fachbegriffe

Abdecken	• Jeder Spieler einer Mannschaft ist genau einem Spieler der anderen Mannschaft zugeordnet, in dessen unmittelbaren Nähe er sich befinden muss, um ihn zu stören.
Abschirmen	• einen Mitspieler zur Sicherheit abschirmen
Bodenpass	• indirektes Zuspiel zu einem Mitspieler (oder an die Wand) mit Bodenberührung

Bogenball	• Zuspiel, dessen Flugverlauf bogenförmig ist 
Dribbeln	• Prellen in der Bewegung
Einwurf	• Nachdem ein Spieler das Spielgerät ins Seitenaus befördert hat, darf die gegnerische Mannschaft von dieser Stelle aus das Spielgerät wieder ins Spiel bringen (ein Fuß auf der Seitenlinie).
Fintieren	• einen Gegenspieler durch Körper-, Wurf- oder Passtäuschungen auf den falschen Weg schicken
Freimale	• Orte auf dem Spielfeld, an denen ein Spieler z.B. nicht gefangen, abgeworfen usw. werden darf
Freiwurf	• Nachdem ein Spieler einen Regelverstoß beging (körperliches Foul, technischer Fehler), darf die andere Mannschaft vom Ort des Geschehens aus weiterspielen (außerhalb der Freiwurflinie).
Gasse	• Je zwei Spieler stehen sich gegenüber und bilden so mit ihrem Mannschaftskameraden eine Gasse. ▽ ▽ ▽ △ △ △
Manndeckung	• siehe „abdecken" (beim 1:1-Spiel)
Pendelstaffel	• Eine Mannschaft steht sich, aufgeteilt in 2 Gruppen, gegenüber und bewältigt die gestellte Aufgabe in einer Richtung, hin zum jeweiligen Partner. Die Staffel ist beendet, wenn jeder Mitspieler einen Durchgang absolviert hat.
Remis	• unentschieden
Schiedsgericht	• setzt sich meist aus zwei Personen zusammen: Zeitnehmer (stoppt die Zeit) und Sekretär (schreibt die Tore und Namen der Torschützen auf)
Schluss-Sprung	• einbeiniger Absprung und beidbeinige Landung

© Verlag an der Ruhr • Postfach 102251 • 45422 Mülheim an der Ruhr

9. Literatur

J. Baumberger	**Handball – Spielen lernen.** (und)	
	Handball – Besser spielen.	
	Schweizer Handball-Verband 1990 • Postfach 4 • 3000 Bern 32	
A. Brinckmann	**Bewegungsspiele.** rororo sachbuch 7043	
	Reinbek bei Hamburg 1981	
W. Bucher	**1004 Spiel- u. Übungsformen im Handball.**	
	Hofmann Verlag Schorndorf 1989	
O. Buholzer u.a.	**Spielerziehung-Broschüre.**	
	Schweizer Handball-Verband 1990 • Postfach 4 • 3000 Bern 32	
Deutscher Handball-Bund	**Handball Handbücher**	
	Band 1: Spielen und Üben mit Kindern (1987)	
	Band 6: Handball spielen mit Schülern (1997)	
	Philippka-Verlag Münster 1987	
R. Dirx	**Kind ärgere dich nicht – 280 Spiele.**	
	Fischer Taschenbuch 3340 Frankfurt 1984	
E. Döbler	**Kleine Spiele.**	
	Volk und Wissen Berlin 1990	
A. Emrich	**Spielend Handball lernen.**	
	Limpert Verlag Wiesbaden 1994	
A. Kosel	**Schulung der Bewegungskoordination.**	
	Hofmann Verlag Schorndorf 1993	
H. Rammler	**Kleine Spiele – wozu.**	
	Limpert Verlag Wiesbaden 1985	
H. Schrenk	**Sport mit Grundschulkindern.**	
	Gammertingen 1994	
R. Schubert	**Spiele-Kartothek.**	
	Philippka-Verlag Münster (o. J.)	
E. Singer	**Spielschule Hallenhandball.**	
	CD-Verlagsgesellschaft Stuttgart 1978	
R. Szabo	**Minihandball-Spielgruppe.** (und)	
	Der E-Jugend-Trainer.	
	Handballverband Württemberg 1992 • Postfach 102124 • 70017 Stuttgart	
R. Szabo	**Kindersport-Kartothek.**	
	Philippka-Verlag Münster 1994	
M. Walter	**Spiel und Sport an jedem Ort.**	
	Hofmann Verlag • Schorndorf 1991	

Fit gespielt

Das kleine Buch der neuen Spiele
Dale LeFevre

Best.-Nr. 2004
16,80 DM/sFr/123,- öS

Wie Energie von mir ausgeht, so kommt sie zurück. Mit dieser Grundhaltung bereist Dale LeFevre die ganze Welt und bringt mit seinen „Neuen Spielen" Katholiken und Protestanten in Irland, Palästinenser und Juden in Israel, Schwarze und Weiße, Alte und Junge in aller Welt zusammen. Über 30 Spiele ohne Sieger mit vielen Tipps und Hinweisen für SpielleiterInnen.

New Games
Die neuen Spiele

New Games, Band 1
Andrew Fluegelman, Shoshana Tembeck
192 S., 20,7 x 22,6 cm, Pb.,
250 Fotos
Best.-Nr. 2000
35,- DM/sFr/256,- öS

New Games, Band 2
Andrew Fluegelman
192 S., 20,7 x 22,6 cm, Pb.,
230 Fotos
Best.-Nr. 2001
35,- DM/sFr/256,- öS

Je Band 60 neue Spiele für jedes Alter von 3–99 gegen den Schulfrust, gegen Aggression und Gewalt und für ein konstruktives Ausleben der eigenen Energien, für ein spielerisches Kräftemessen und ein lustvolles Miteinander-Umgehen. Spiele für Gruppen und Familien und für den ganzen Tag, Rezepte für ein Spielfest und dafür, wie man Spiele spielend leitet.

Richten Sie Ihre Bestellung bitte an den Buchhandel oder direkt an den:

Verlag an der Ruhr
Postfach 102251, 45422 Mülheim an der Ruhr
Tel.: 02 08/49 50 40, Fax: 02 08/495 0 495
e-mail: info@verlagruhr.de

New Games Fallschirmspiele
D. LeFevre, T. Strong
118 S., 15,5 x 22 cm, Pb.,
viele Fotos
Best.-Nr. 2125
24,80 DM/sFr/181,- öS

Fallschirme sind nicht nur gut zum Fliegen. Sie eignen sich auch ideal für Spiele am Boden. Das Buch bietet 60 neue Spielideen, die es in sich haben: Spiele für Kinder und Erwachsene, für Müde und Muntere, für Behinderte und Nichtbehinderte, für drinnen und draußen. Außerdem gibt es Hinweise für GruppenleiterInnen und viele praktische Tipps für ein luftiges Vergnügen.

Fitness-Training ohne Trott
700 abwechslungsreiche Übungen
Peter Naunheim
256 S., A4, Pb.
Best.-Nr. 2229
42,- DM/sFr/307,- öS

700 Übungen für ein abwechslungsreiches Erwärmungs- und Konditionstraining: Hier finden Sie bewährte Klassiker ebenso wie wenig bekannte oder auch ganz neue Übungsformen. Informationen zu Sportgeräten und Trainingsabläufen sowie spezielle Trainingsprogramme runden die Sammlung ab. Ein praktisches Nachschlagewerk für Profis und ein guter Einstieg für sportliche Amateure.

Kinder entspannen mit Yoga
Kleine Übungen für Grundschule und Kindergarten
Petra Proßowsky
Kiga/GS, 128 S.,
21 x 22 cm, Pb.
Best.-Nr. 2290
29,80 DM/sFr/218,- öS

Abschalten, die eigenen Kräfte bündeln: Die Übungen erschließen den Kindern spielerisch die Körperstellungen des Yoga. Über Sprechverse, Traumreisen und Geschichten erfahren sie verborgene Kräfte. Abgerundet wird die Sammlung durch Übungen zu Atmung und Körperwahrnehmung, durch meditative Spiele und einen Rückenspaziergang. Mit Übungen für gestresste LehrerInnen und ErzieherInnen.